赢在中学

帮助孩子走好青春期

贾容韬 著

作家出版社

目　录

自 序

我为什么要写这本书?

受家风家训的影响,"家业万贯,不如教子成才"的理念一直深植我心。我非常重视孩子的教育,但在教育孩子方面我走了不少弯路。以前,我对家庭教育的认识比较肤浅,认为给孩子优渥的生活条件,乃至转户口、择名校,孩子就能接受最好的教育,顺理成章地成人、成才。结果呢? 结果令我大失所望。

不得不承认,我的孩子贾语凡在中学阶段出现了比较严重的问题,他不仅沉溺网络游戏,学习成绩班级倒数;还数次参与打群架,两次被学校提出劝退。对此,我很不解:我不遗余力地在孩子身上花钱,投资他的教育,为什么会收获如此后果? 痛定思痛,我对自己的人生轨迹进行了深度反思。反思的结果是,我虽然重视教育,本质上却不懂教育,没有找到教育的门道。改革开放这么多年,我还在用旧观念来教育互联网时代的孩子,还用专制的方法来对待具有权利意识的孩子。有我这样的爸爸、我这样的教育观，孩子不出问题才怪呢！

作为第一责任人，我把孩子带到这个世界上，不但没有对他真正负起责任，反而对他的成长起到了一定的反作用。仔细想想，我愧为人父啊！怎样才能弥补自己的过失，给孩子创造一个科学良好的成长环境呢？经过深入学习，我慢慢找到了答案。

答案即在于，改变自己，提升自我，才是化解危机、走出困境最好的方法。

为了让自己尽快成为教育的内行，身为当地工商联副会长的我，毅然决然地关掉了自己的工厂，成了一名专职"陪读父亲"。在陪读的两年内，我全身心地投入到家教实践中，我生活的全部内容是内外兼修，努力去读懂孩子，切实做孩子的榜样。由于我念了真经，动了真格，对孩子的支持和积极影响逐渐显现了出来。

儿子开始把我给予他的浓浓父爱化作自己成长的力量，逐渐远离了网络游戏，扬起了自信成长的风帆，学习成绩从班级倒数，一步步进入班里前十名，后来考入理想的大学。

熟悉我的人都知道，我是个热心人，陪读阶段我主动帮助他人。我刻骨铭心地体会到，帮助别人就是帮助自己。正因为我不断地帮助别人，接触的案例多，家教实践也很多。故而，我对家庭教育有了较多的认识，对孩子的成长密码解读得比较准确。可以说，我从内心深处体会到了助人给自己带来的诸多益处。

孩子考上大学了，按照常理，我应该回去继续经商，但有两件事让我做出了令很多人匪夷所思的决定。

一是看到那么多的家长需要帮助，那么多的孩子需要唤醒，对此我怎能视而不见呢？陪读两年，等于我上了两年的"父母大学"。投身大量的家教实践，我对人性有了更多了解，对当代家庭教育有了一定认识。我反问自己，为什么不把自己的家教实践分享给更多家长呢？为什么不尽己所能去唤醒更多的孩子呢？

二是陪读期间，通过接触大量案例，我认识到，一个人的温饱问题解决以后，决定其前途命运以及可持续发展的，是精神方面的追求。现在的人什么都不缺，缺的是心理建设、精神追求。为此，我下决心给孩子留下宝贵的精神财富，而不是物质财富。思路理清后，我放弃了自己的企业，专职从事家庭教育工作。因为我心里非常明白，让成千上万的人站起来，比创造一些物质财富更有价值。

专业从事家教工作以来，我接触了大量的家长和孩子，其中大部分是中学生，我的家庭实践也是在儿子中学阶段开始的，我写的《改变孩子先改变自己》一书，重点谈的也是中学生教育。因为我对中学的教育相对熟悉，所以找我求助的多是中学生家长。

为什么当代中学生出现问题比较多？这是因为，改革开放带来社会的重大改革，孩子们的成长环境发生了翻天覆地的变化。

自
序

大家知道，青春期的孩子难教育，社会转型期青春期的孩子更难教育。

中学阶段是打好人生底色的关键阶段，是塑造正确价值观的重要阶段。可以说，这一时期是承上启下的花季年龄，假如说一个孩子的小学教育有一定欠缺，完全可以由中学来弥补；但中学教育如果有缺失，其损失是难以弥补的。

面对 00 后的孩子，面对全新的教育课题，面对极其复杂的教育环境，很多家长掉以轻心，没有与时俱进，他们还用老方法来教育新时代的孩子，其后果可想而知。新旧观念激烈碰撞，亲子关系遭到破坏，孩子成长出现偏差，沉迷网络游戏、早恋、厌学甚至辍学等。父母也因此受尽煎熬。生孩子，养孩子，教育孩子，是为了获得幸福、赢得未来，现实中很多家长由于不懂教育，辛辛苦苦养了一个"小冤家"，"养儿防老"变成了"养老防儿"。

在我们的影响下，很多父母更新了家教观；不少家庭走向和睦；众多孩子找到了人生方向，树立了理想，确立了信念，发生了脱胎换骨的变化。比如，河南省三门峡的张翔宇，由于父母简单粗暴的教育方式，他初三辍学，和社会上的青年混在一起。我和他接触数次后，经过痛苦的挣扎，张翔宇放弃了混社会的念头。

当一个人有了理想、信念，爆发出来的力量往往是不可估量的。张翔宇初三复学后，精神面貌焕然一新。通过刻苦努力，他一年内学习成绩提高了三百多分，一步步进入到优等生行列。据他学校的教导主任讲，张翔宇是该校建校二十六年以来进步最大的学生。2015年，张翔宇考入重点高中，2018年以优异的成绩被合肥工业大学机械制造专业录取。

十多年来，我接触了成千上万个家庭，目睹了不少父母深陷家教误区，许多孩子的进步愿望被父母不良的教育方式所扼杀，众多孩子的前途被父母断送。我在想，假如所有父母都能成为教育的内行，懂孩子的心理和教育规律，家庭悲剧完全可以避免，众多孩子将会有另一番命运。

德国教育家弗里德里希·福禄贝尔说过："家庭（而不是学校）是世界上最重要的教育机构，父母（而不是老师）是最主要的启蒙教育者。"大量实践表明，家庭教育是深入骨髓的教育。这是因为，父母是孩子接触最早、接触时间最长、对孩子影响最大的人。家庭是培养孩子品格、教孩子做人的重要场所。在人心浮躁、充满诱惑的社会环境中，父母肩上的责任尤为沉重。

在这个世界上，没有不良的孩子，只有不幸的孩子。所有孩子都有一颗向上的心，都有追求进步的愿望，但不懂教育的父母可能就把孩子身上美好的潜质埋没了、扼杀了。家庭教育的本质是影响和熏染，培养优秀孩子的真经是做孩子的榜样。

　　"喊破嗓子不如做出样子"，要做好孩子的榜样，就要积极进取，不断地修炼自己，不断地提升自我，力争让自己成为有素质、有修养、有思想、有道德、有一定人生高度的人。

　　成为这样的人，我们不但能培养一个优秀的孩子，我们的婚姻质量也会大幅度提高，我们所从事的事业也会上一个新台阶。如果是这样，我们来到世界上走一遭不是很值得吗？达到如此人生愿景，我们也能把精神财富一代代地传承下去。

　　为了让众多家长读懂中学生的成长密码，为了让千万父母少一些切肤之痛，为了让每个中学生都能绽放自己的生命，我产生了写书的念头，我要写一本中学生成长方面的书，给广大家长提供借鉴。我深知自己才疏学浅，水平有限，但强烈的责任心、使命感使我不敢有丝毫懈怠。本书若能给广大家长一些有益的启示，起到抛砖引玉的作用，那将是我最大的欣慰。

第 **1** 章

没有问题的中学生才有问题

第一节 "问题"中学生的问题

孩子到了中学阶段,往往会变得跟以前不太一样,给人一种换了个人的感觉。同时,他们也会出现新的行为问题。如果说在小学阶段,孩子们较多出现注意力不集中、做事拖拉、时间观念不强等问题,那么中学阶段则主要集中在被人际关系困扰、沉迷网络游戏不能自拔、遇到情感问题等方面。

那么,为什么到了中学阶段会遇到这些问题?背后有着怎样的原因呢?

不会处理人际关系

自二十世纪八十年代起,国家开始实行计划生育政策。受之影响,那时候大多数家庭都是独生子女。家里只有一个孩子,父母、长辈往往把孩子照顾得无微不至。就像很多人听到过的,捧在手里怕摔了,含在嘴里怕化了。溺爱的结果是,一个个孩子养成了唯我独尊的处事习惯,不会换位思考,个性特别强。由于缺少共情能力,无形中使得自身的人际关系较差。

人际关系对一个人的发展十分重要,人生的诸多问题说穿了都是关系问题。人这一生几乎都在经营关系,如亲子关系、师生关系、同学关系、和陌生人的关系，以及和自己的关系。这种关系不是世俗意义上的功利关系，而是一种联系或联结。有人说，教育学首先是关系学，就是这个道理。关系好了，一切才会好。实践证明，人际关系影响一个人尤其是未成年人的求知水平，决定了其生活质量和未来发展。可以说，很多孩子特别是中学生，在成长过程中出现偏差，多是不会处理人际关系或者人际关系不佳所造成的。

我曾接待过一个叫沛然（化名）的孩子，她是家里的独生女。上高中后，不善言谈的她和同学相处不够融洽，因为她对别人总是存有戒心，别人也不愿和她交往。她觉得是同学做得不对，不理解她，故而天天板着个脸，心里挑别人的毛病。例如，她认为汪同学说话没过大脑，和汪同学说话就是对牛弹琴，错不在自己；刘同学家里送来那么多小食品，却很少分给大家品尝，太小气太没人情味了。开学一个学期了，沛然没有交上一个朋友，她情绪始终很低落，在学校变得很不快乐。

生活也好，学习也好，都是在内心舒畅的状态下才能完成得更好。沛然看这个不顺眼，和那个谈不来，内心天天处于压抑状态。一个学期下来，她的学习成绩很糟糕。老师找她谈话，父母向她施加压力，她的心理防线终于垮了，于是开始上课犯困，晚上失眠，作业完成质量也大打折扣。妈妈领她到医院检查，医生说她患上了焦虑症，从此不得不辍学在家。父母多次动员她返校上学，但她把上学看作上刀山下火海一样。

说到底，人际关系成了她无法跨越的障碍。父母对她的前途忧心忡忡。父母并不知道，孩子不良的人际关系其实也和他们对孩子的问题处理不当有关。父母的人际关系、处世态度、人生格局、思维模式都会对孩子产生深远的影响。处理方式不科学，只会让孩子的问题越来越严重。

我还接待过一位名叫耀武（化名）的学生，他家住在农村，爸妈为了让孩子接受良好的教育，在城里买了房子，耀武上了本县的重点初中。初二时，在一堂语文课上，耀武玩手机被老师逮个正着，老师不但没收了他的手机，还让他站了一节课，从此他就和老师杠上了。他认为老师有意找他茬儿，"玩手机的又不是我一个人，老师专拣软柿子捏。把我的手机没收了，还让我站了一节课，让我太没面子了。既然你给我不留情面，我也没必要对你客气了，反正我看你也不舒服！"

从此，耀武几乎完全不听课了，还爱在课堂上搞一些恶作剧。他时不时缺课，还公开去网吧玩，无奈之下老师请了父母。父母不懂得和孩子共情，完全站在老师的立场上，对孩子严厉批评，结果师生关系越来越糟。孩子向父母提了要求："你们给我转学我就好好上，我一天也不想在这个破学校待了，我最讨厌看见语文老师！"转学后，耀武同学的成绩依然不见好转，因为问题的根源在于他没有处理好人际关系。

还有一个名叫王献（化名）的学生，与耀武情况不同，他不是师生关系出了问题，而是处理人际关系不够理性。王献从小学过数年武术，在同学眼中比较讲义气。上初三时，王献身边总有几个孩子围着他转，朋友们的拥戴让他感觉很好，觉得很威风、很荣耀。被溺爱、娇惯长大的王献，把自己看作班上的核心人物、学校的风云人物。他认为，只要他出面，别人都应该给他面子。对不识趣的人，他就要给点颜色看。如此错误的认知，自然导致了错误行为，惹是生非在王献这里成了家常便饭。为了彰显自己的义气，哪个哥们儿受欺负了，他都会出面伸张"正义"。

有一次，王献接受同学的请求，参与了打群架，结果造成一个孩子轻伤。他和两位同学被学校开除，随从的三个伙伴被学校记大过。王献离开学校后，没有接受教训，后来参与群殴械斗，被判刑五年。王献并不知道，接二连三惨痛的教训是错误的价值观所致，进一步讲，是不良的择友观和非理性的人际关系导致他的法治观念淡漠，最终让他付出惨痛的代价。

其实，中学生已经意识到了自己的成长变化，也知道自己是一个独立自主的人，但由于能力还有所欠缺，于是不断寻找自己的价值感，拓展自己的行为边界，抑或寻找自己人际关系的舒适区。换而言之，中学生一方面在挣脱旧有的成长状态和诸多束缚，学做自己，学做成人，却又难以摆脱原有的思维方式和生活惯性；另一方面由于共情和理解能力不足，使得他们较少有换位思考意识，难以找到合适的解决问题的办法，不能在短期内走出人际关系的泥淖，而这又在很大程度上加剧了他们自身情绪的不稳定，愈发表现出叛逆、易怒、粗鲁、矛盾、捉摸不定等特质。

中学生的人际关系问题越来越凸显，其实也受互联网快速发展、家庭教育引导不足、学校应试倾向较为严重等影响，需要家校合力来应对。但首先需要发力的是家庭，即父母要多关注进入青春期孩子的情绪变化，懂得孩子的成长规律，帮助其认识到问题，一起找到解决之道，进而从完善亲子关系、同学关系、师生关系入手，使他们在接纳自我的同时，接纳他人，接纳生活的环境，顺利走过青春期。

沉迷网络不能自拔

进入互联网时代，信息高速公路在给人们带来方便与便捷、大大提高工作学习效率的同时，也给众多家长带来了烦恼。如果做一个"当代父母最头痛的一件事是什么？"这样的社会调查，结果可能是不约而同的答案——"沉迷网络"。

互联网、移动网络对我们的影响到底有多大？我曾听到有家长这样倾诉——

"我的孩子上课玩手机，被老师没收了，孩子逼着父母向老师要手机，没有手机就不上学了。孩子说手机是学生的基本装备，没有手机就没有上学的动力！"

"我的女儿放寒假后，疯狂玩电脑，每天都要玩到凌晨，假期作业基本没做，马上就要开学了，女儿一点儿也不着急，完全没有写作业的意思。再有半年就中考了，我心里着急啊！我一催促，女儿就和我急，我真的没招了！"

"学校放了几天假，我儿子完全泡在网上，把自己反锁在房间里，没日没夜地玩。儿子玩得如痴如醉，每天只吃一顿饭。我实在看不下去了，就让他爸爸把网络断了。这一下捅了马蜂窝，儿子放下狠话：'你们这样做会后悔的！'狠狠地把门一摔，两天没回家！"

"自从儿子有了手机，夜里玩到凌晨一两点是常态。由于上课犯困，他的成绩直线下降，老师请家长后，我把他的手机没收了。没几天，儿子用他的压岁钱又买了一部手机，和父母玩起了捉迷藏。我曾经苦口婆心地跟他交流过，声泪俱下地给他谈我的担心，可他一点儿没有收敛的意思。自从玩上了游戏，我发现他心肠变硬了，不顾父母的感受了。"

"我的儿子上中学前是优等生，那时的他人见人爱。姥爷为了奖励他，给他买了手机。从此，儿子完全沉迷于手机，学习成绩直线下降。为此，我也打过骂过他，他也曾信誓旦旦地表示要改正。但坚持不了几天，就旧病复发，沉迷于网络中不能自拔。现在儿子上初二，学习成绩在班上倒数。姥爷肠子都悔青了，后悔不该给外孙买手机！"

"我儿子玩手机的时候，我和他说话，他根本不理我。有一次我叫他吃饭，连续叫了十多遍他头也不抬，继续玩手机。忍无可忍之下，我把他的手机夺过来摔了。儿子在情绪失控的情况下，动手打了我，眼神中充满杀气。那一刻，我感到儿子非常陌生。我真想不明白，手机怎么能比爸妈还重要呢！"

……

实际上，我本人也亲眼看到身边一个孩子因为玩手机成瘾，十五岁就辍学在家，每天玩十多个小时的网络游戏。他在手机上打游戏、聊天、读玄幻小说，基本每天只吃一顿饭，且大多是叫外卖。玩到深夜感到饿了，就吃一些方便面等垃圾食品。这个孩子已经严重营养不良，瘦得皮包骨头。更为严重的是，他的眼睛近视达到了 900 多度。爸爸妈妈试图改变他的现状，不让他玩手机，他就以割腕、跳楼等极端手段威胁爸妈："反正我活着也没意思，只剩下玩手机这么点有趣的事情，你们还要干涉，我干脆死掉算了！"爸爸妈妈出于无奈，只好听之任之。

　　无节制地使用手机破坏了无数原本和谐的亲子关系，葬送了不少孩子的未来。孩子到了中学阶段为什么格外沉迷于手机？背后有怎样的原因？有专家指出，其实有两方面原因。一是外部因素。智能手机背后连接的是互联网，而互联网内容混杂，多数网络游戏是以扮演角色互相砍杀为主，充斥着暴力、欺诈、色情等内容，让青少年沉迷其中不能自拔。有媒体报道，江苏省泰州市姜堰公安局曾破获一个拦路抢劫团伙，在询问其主要成员犯罪动机时，一个刚刚年满十五岁的少年这样表述当时的心理状态——"当时我们已经玩了五个小时的游戏了，脑子里都是打啊杀啊，非常兴奋。身上没钱了还想玩，一走出网吧，正看到一个人路过，仗着人多，就一拥而上……"网络游戏中的不健康内容的确会影响青少年，不止在价值观、道德观层面，也在行为和习惯层面。

　　还有一个外因是智能手机的普及。有数据显示，截至 2021 年 12 月，我国网民规模达 10.32 亿，较 2020 年 12 月增长 4296 万，互联网普及率达 73.0%。2021 年 7 月 20 日，共青团中央维护青少年权益部、中国互联网络信息中心（CNNIC）、中国青少年新媒体协会发布了《2020 年全国未成年人互联网使用情况研究报告》。报告显示，未成年网民规模持续增长，触网低龄化趋势更为明显。2020 年，我国未成年网民达到 1.83 亿，互联网普及率为 94.9%，比 2019 年提升 1.8 个百分点，高于全国互联网普及率（70.4%）。超过三分之一的小学生在学龄前就开始使用互联网，而且呈逐年上升趋势，随着数字时代的发展，孩子们首次触网的年龄越来越小。伴随这一现实的是，玩网络游戏的门槛并未提高，虽然网络游戏平台推出了青少年网络防沉迷机制，但现实中往往并未产生实际功效。

至于内因，则是进入青春期后，孩子的自主意识增强，与父母、老师、同学关系常会出现问题。现实中的心理或情感受挫、父母的不理解、学业上的巨大压力等，使他们更愿意到虚拟世界中获得安慰，或逃避现实中的困难。但由于他们本身自制能力有限，很容易滑向沉迷。

可以说，智能手机、网络游戏成了无数父母的梦魇。怎样才能让孩子科学使用电脑、手机，与之和谐相处？怎样才能让电子设备成为孩子学习和娱乐的帮手呢？怎样能让孩子把玩手机的经历转化为成长动力呢？如何才能把人人诅咒的"坏事"变成真正的好事呢？在后面的章节中，我会深入探讨这个大家关心的话题。

来自异性的情感困扰

中学生处在青春期，异性间的互相吸引，是人性的正常表露，同学间产生好感也是经常发生的事情。但由于生理发育早熟、心理发育还不健全等原因，他们往往不能正确处理感情问题。因此，不少孩子因早恋而荒废学业，甚至辍学。一些孩子因感情问题，做出过激行为，比如离家出走，报复老师、家长，甚至殉情、轻生等。

背后的原因是青春期的孩子身心变化处在一个转折点上，随着第二性征的出现，个体对自己在体态、生理以及心理等方面的变化会产生某种神秘感，甚至不知所措。之于女孩，往往由于乳房发育而不敢挺胸，由于月经初潮而紧张不安；之于男孩，则容易出现性冲动、遗精等，这些都将对中学生的心理和行为带来很大影响。

我在做教育咨询过程中，就看到过不少令人叹息的案例。案例中的孩子大多是高中生，他们因为问题得不到科学处理，付出了沉重的代价。

案例1：小倩，十六岁，上高中一年级。身为化学课代表的她，对学习委员小刚产生了好感。因为班级工作，他俩经常一起合作。交往一段后，二人的情感急剧升温，一个偶然的机会，他们做了这个年龄段不该做的事情。由于小倩经验不足，对自己怀孕一无所知，因腹痛到乡镇医院就诊，被误诊为阑尾炎。医治数天无效，由于出血过多，生命垂危。情急之下，张倩被送到中心医院，被诊断为"宫外孕"。为了保住生命，做了子宫切除手术，以致终生不能生育。迫于舆论压力，小倩从此辍学，小小年纪就到外地打工去了。

案例2：小凯，十七岁，上高中二年级。一路走来，他一直是品学兼优的学生，老师们很看好他，父母也因他而感到骄傲。高二下学期，小凯和一个转学来的女生小润谈起了恋爱。从暗送秋波到传递字条，从书信往来到私下频频接触，分心的结果是小凯成绩大幅度下降。小凯以为自己找到了世界上最真挚的爱情，和伟大的爱情比起来，学习不算什么，于是把主要精力都用在写情书上。在错误观念的支配下，小凯经常缺课，甚至不交作业，在感情的漩涡里陷得很深。此事在班上闹得沸沸扬扬。小润的父母得知此事后，在干涉无效的情况下，强制给小润转了学。心上人的转学，让小凯极度失落，天天躺在床上看着天花板发呆，经诊断他患上了抑郁症。经过一段时间的调理，小凯的病情虽然大有好转，却再也振奋不起精神。后来的高考，他考了一个职专。班主任非常痛心，一个本应考上名校的优等生，被早恋毁了前途，可见早恋之花害人不浅。

这些案例反映了早恋的不良后果，也折射出中学阶段孩子内心情感问题往往不为人所知，具有隐秘性的特点，到了遮不住的时候才求助父母或老师。因此，及早了解孩子的心理动向，引导孩子正确看待和处理情感问题，是中学教育的重要课题。而如何走进孩子的内心世界，我会在随后的章节中一一道来。

除了对异性的情感问题，中学生还会有容易焦虑、受挫、逆反、过于依赖等心理问题。他们一方面情绪不稳定，另一方面人格不够完善。例如，有的中学生抱有各种各样的幻想，为了将其变成现实，他们会付出种种努力甚至刻意追求。当这种需求持续不能得到满足或部分满足时，就容易产生挫折，陷入焦虑。如果挫折的障碍与压力持续时间长，影响范围广，则容易给他们带来失望、压抑、沮丧、忧郁、苦闷等紧张的心理状态和情绪反应。心理学上称之为挫折感或挫折心理。和情感问题一样，中学生的情绪问题也需要父母加以关注。

第二节 为什么中学阶段"问题"特别多

青春期的孩子有哪些问题

家有中学生的父母常常觉得，上了中学后，孩子跟小学时不一样，问题变得特别多。这种感觉是对的，主要原因是进入青春期的孩子，其大脑及各器官的发育不断成熟，生活经验逐渐丰富，他们的自我意识也在不断增长。这是身心发展"进化"的产物，也是他们社会化的关键阶段。

中学阶段的孩子，如前所述，随着性生理和性心理的发育，会对异性同学产生兴趣，甚至产生爱慕之情。他们会关注异性同学的一举一动，表面上表露出对异性冷淡或不屑，其实希望和异性同学拉近距离。有的则是通过语言或身体上的恶作剧来表现这一特征。而伴随接触的加深，进入高中阶段的他们，还会像成年人那样向对方表白，相互发短信、微信等，互诉衷肠，甚至会频频约会，做出诸如手拉手等一些亲密动作。

到了中学阶段，孩子不像以前那样爱听大人的话了，他们开始质疑父母的想法，很多事情会和父母对着干。他们会一次次地挑战家人和老师的权威，乃至一次次地触碰老师和家人的底线。他们也爱藐视家庭里的规矩和学校里的规章制度。尽管自己的思想还不成熟，他们却认为自己已经长大了，应该得到父母的尊重，在许多方面应该获得像大人一样的权利。

处于叛逆期的中学生不太愿意面对现实。理想总是美好的，但现实却很残酷。他们有远大理想，却缺乏脚踏实地、日拱一卒的务实精神。他们原本想要达到某个目标，但努力程度离实现目标还相差很远，于是一旦受挫，他们就会产生失落感，会选择逃避现实。有时候，他们习惯于自暴自弃，认为自己什么都做不了，就算做了也做不好。他们会不断地否定自己，甚至讨厌自己、憎恨自己。总之，他们会在理想和现实之间挣扎、纠结、痛苦。

青春期的孩子还会产生厌学情绪。随着自我意识的不断膨胀，他们受不了学校纪律的管束，更喜欢我行我素，自由自在是他们追求和向往的境界。进入高中后，学习的内容增加了，难度加大了，学习方式也发生了较大的转变，需要学生从死记硬背转向全面理解和更深层次的思考。面对学习的巨大挑战，他们感到力不从心，却又不愿付出辛苦的行动。于是，他们选择了逃避。在一些中学生那里，逃课、不交作业成了家常便饭。极端的情况是，他们讨厌父母的唠叨和说教，干脆离家出走。

当下的中学生是 00 后一代，他们是互联网的原住民，可以说成长在互联网时代，他们成长的环境与父辈相比有着深刻的变化。具体来说，他们的父辈是改革开放的一代，见证了改革开放带来的经济高速发展，但有阳光就有阴影。经济发展带来的负面影响也是不容忽视的。比如人心浮躁、道德滑坡、信仰危机、价值观混乱，等等。一些成年人经不起物欲横流的诱惑，他们的孩子看在眼里，心灵难免受到影响。

响应二十世纪八十年代实行的计划生育政策，很多家庭只有一个孩子。孩子少了，必然被父母看得很金贵，父母以及爷爷奶奶、姥姥姥爷有意无意地把孩子推向了家庭中心的位置。加上物质生活优裕，久而久之孩子就习惯以自己为中心。而改革开放带来的国际文化融合，加上网络的广泛传播，90 后、00 后的孩子们相比父辈有着不一样的观念，他们大多接受了民主思想、权利意识。他们进入青春期后，有了更为鲜明的思想，要彰显自己的个性，活出自己的风采。而大多数父母却依靠自身经验来教育孩子，缺少与时俱进的心态与认知，还用陈旧的观念来对待民主平等意识较强的孩子，导致孩子与父辈强烈对抗。结果是孩子精神受到摧残，父母痛苦不堪，亲子关系蒙上阴影。

因此，面对青春期的孩子，父母尤其要改进自己的教育观和教育方法，要清醒地认识到：孩子逆反、对抗、不听话是成长的标志。假如孩子还像小时候那样对父母的话唯命是从，反而是一种悲哀；孩子成长了，有了觉醒意识，希望挣脱父母的束缚，是值得欣喜的事情。家长应该这样思考问题，如果你的孩子十七八岁了，还没有自己的思想，没有独立意识，缺乏主见，凡事都问爸爸妈妈，完全按照父母意志行事，你认为孩子这样的表现正常吗？你喜欢一个处处看父母脸色、对父母言听计从的小绵羊吗？这样思考问题，你就知道孩子要挣脱父母的管束，表现出逆反、对抗、不听话、具有独立意识，从而逐渐形成自己的思想，是再正常不过了。可以肯定地说，这是好事，是孩子成长的表现，是父母应该充分肯定、值得欣喜的事。

孩子进入青春期后，虽然有主见，佢他们的思想还不够成熟：他们既希望挣脱父母的管束，又离不开父母的帮助。他们的内心其实经常处于矛盾、纠结的状态。此时，中学生的父母要读懂孩子，理解孩子，尤其要清醒地认识到，社会发展变革使孩子们具有民主意识，有一定的独立意识，家长一定要尊重孩子的人格，引导孩子积极上进，遇事多和孩子商量，用民主的方法帮助孩子度过青春期。切忌用专制的方法对待孩子，对孩子说"怎么讲你都是我的孩子，你不听话我就要惩罚你！"之类的话。

不管怎样，父母要牢记一个事实：与青春期的孩子较劲的结果，只能是父母败下阵来。

当身心变得逐渐自主独立

我曾读过一首中学生写的诗，读完心中颇不是滋味。诗是这

样的:

> 妈妈,请你原谅我,我总是惹您生气,
>
> 我是一个有独立思想的人,不是你的影子。
>
> 你说你有多么爱我,却让我活成你希望的样子,
>
> 你的愿望并不适合我,我不甘心成为你的附属。
>
> 妈妈,如果你真爱我,就让我成为最好的自己,
>
> 我宁愿碰得头破血流,也要体味生活的真谛。

从诗中,我们可以看出孩子要求独立的强烈愿望。中学生随着身体发育的速度加快、认识能力的提高、知识经验的增多、逻辑思维的发展、社会交往的扩大,他们对独立的渴望与日俱增,渴望身体和思想两方面的独立,尤其希望摆脱家长的束缚。尽管他们还不能完全独立,还需要师长的帮助,但他们已经不像小学时那样听话了,他们最讨厌听"小孩子知道啥""照我说的做就行了"之类的带有命令口气的话。

孩子有自己的主见,是心理成长、精神发育的表现。假如说一个青春期的孩子还像儿童时期那样,处处听父母的话,唯父母意志是从,说明这个孩子心理年龄小,没有自己的思想,那才是莫大的悲哀。作为中学生的父母,应该清醒地认识到,你的孩子

正在迈入青春期，他面临很多心理的困惑、成长的烦恼。比如，他们既希望摆脱父母的管束，又渴望得到父母的帮助；既有较强的成人感，很多方面又带有孩子气。

那么，如何对待孩子的独立意识？家长朋友应该做好以下几点：

生活是最好的老师。只有投身火热的生活，才能体味到生活的意义。家长朋友应鼓励孩子多做事，大胆让他们接受生活的历练。孩子这件事没有做好，他已经吃了苦头，已经得到了磨炼，父母不要幸灾乐祸，更不要责备抱怨，说"我早说这样做不行，你偏不听，现在服气了吧"！这样的话只会起到反作用。相反，如果说"这件事虽然没有做好，但它给我们带来的人生启迪是弥足珍贵的""成功失败都是收获，苦辣酸甜都有营养，阅历就是财富"之类带有鼓励性质的话，这样才是真正帮助孩子成长。父母要确立这样的信念，实践是最好的教育，体验是真正的财富，孩子们是在不断犯错的过程中成长的，父母的支持和鼓励是最好的成长推进力。

转换角色，由教育者转换为陪伴者。陪伴孩子健康成长是做父母的重要任务。为人父母，尤其要当好孩子的啦啦队长，要相信孩子能做好自己的事。尽管缺乏经验，他们可能会出现失误，可能遇到挫折，但父母一定要把事情朝好的方向期待。父母要经常这样和孩子说话:"太不可思议了!第一次做事竟然做得那么好,告诉妈妈,你是怎么做到的?""你的一些奇思妙想,实践证明很多都是真知灼见,你的创新思维是老爸比不了的,真是青出于蓝而胜于蓝!""你能把数学学得那么棒,说明你有很强的学习能力。多用点心,你一定也能把其他科目学习好,你的学习能力一定能逐渐显现出来!"鼓励的话要说得真心,说到点子上,以欣赏的态度看待孩子,多抱持倾听的姿态陪伴孩子,孩子与父母的关系会更近更亲密,进而愿意倾诉,收获成长。

不过分担心,不惊慌失措,给孩子成长的空间。 孩子都有向上的心、进步的愿望,给孩子足够的成长空间,让孩子以他自己的方式成为最好的自己,让孩子按自己的意愿成长,而不是父母掌控、设计孩子的人生。相对来说,孩子自己想走的路,更适合他自己,未来会更有作为。现实中,很多父母总是不断地把自己的想法强加给孩子,设计、把控孩子的未来。他们自认为是爱孩子,是对孩子负责任,硬要把孩子培养成为第二个自己。这样做不但违反了孩子的成长规律,同时扼杀了孩子的天性,这就好比硬让一棵苹果树结出橘子一样,结果只能适得其反。

所有父母都希望孩子有个性、有思想、有作为,但孩子表现出心理上的自主与独立时,表现出有主见、有思想的个性时,父母却叶公好龙,惊慌失措,感到自己严重缺乏安全感、掌控感,这在现实中并不少见。其实，孩子和父母不是一代人，怎能和父母的"三观"完全一样呢？更何况社会在飞速发展，家庭教育的方式方法都在变化。以不变应万变，只会落后于时代发展。

世界上的很多事情都是以聚合为目的的，而家庭教育是以亲子分离为目的的。因此，孩子表现出心理独立，不正是我们孜孜不倦所追求的吗？孩子这些品质不正是面临社会激烈竞争所需要的吗？

第三节　当青春期遇到"更年期"

青春期到底意味着什么

某心理研究所公布的一项千人调查显示：63% 的中学生认为父母不了解自己，78% 的学生认为父母观念陈旧、思想保守，73% 的学生希望拥有自己的成长空间。这些学生的家长大多在四十五岁左右。

中学阶段是一个充满矛盾与冲突的时期，青春期又是孩子精神发育以及世界观形成的关键时期。现实却是，处于青春期的孩子，面临很多成长烦恼，特别需要父母帮他们理清内心的思绪，从而扬起人生的风帆。很多家长却把孩子认识、探索世界的本能当成叛逆，把孩子的成长当作麻烦，采取打压的方法，导致亲子之间严重对抗，亲子关系陷入危机。

怎样对待孩子的逆反心理呢？正确的方法应该是，我们改变不了天气，但能改变自己的心情；我们改变不了孩子，但可以改变自己。一个未成年人阅历有限，没有能力改变自己，况且没有人会接受父母强加给自己的意志。父母改变自己、提高自己，跟上孩子成长的脚步，是给自己人生加分的举措，也是真爱孩子的表现。

　　面对青春期的孩子，父母一定要避免情绪化，千万不要被孩子的情绪带着走。比如，父母看到孩子情绪不好，就表现出情绪冲动，动辄大发雷霆。孩子焦虑，父母比孩子更焦虑；孩子烦恼，父母比孩子更烦恼。孩子学习成绩下降，父母不分青红皂白就批评、训斥。实践证明，能伤害到孩子的，往往不是事情本身，而是父母对待事情的态度。父母动辄情绪化，只能把孩子推到自己的对立面，让孩子怀疑父母对自己的爱。父母情绪稳定，孩子则少了对抗的心气与理由。

　　为人父母的一项基本修炼，就是时刻关注孩子的情绪，让孩子心态平静，让孩子心灵舒展。一个孩子只有在心静如水的状态下，才会思考自己的人生，才能有效地学习，才会从事有益的、自己喜欢的事。如果父母把孩子心情破坏了，孩子陷入烦恼，一定会选择逃避或解压，于是出现了疯狂地玩手机、玩游戏等行为。一些不懂教育的父母，经常粗暴地对待孩子，孩子长期处在烦躁状态，以自暴自弃、消极颓废、不断退步来对付父母，亲子关系陷入了恶性循环。

　　父母是不是真爱孩子，有没有教育水平或能力，实际上有一个很明显的评判标准，那就是看当孩子做出父母不能接受的事时，父母如何对待孩子。遇此情况，大多数父母会用批评、责骂、训斥等方法对待孩子。建设性的做法应该是理性应对，以爱来包容。父母要牢记一点，看起来最不可爱的孩子，其实是最需要关爱的。爱是解决一切问题的根源，爱永远是屡试不爽的教育武器。

在家庭教育实践中，有一点非常重要，那就是父母要科学地对待孩子的犯错行为。孩子犯错，不是天塌地陷，不是世界末日，相反往往是最佳的教育机会，家长朋友一定要抓住这个机会。孩子做错事的时候，往往是他们最无助的时候，是他们最渴望得到帮助的时候。如果此时父母能站在孩子的立场上思考问题，和孩子站在一条战线上，帮助孩子渡过难关，孩子一定会受到感动，进而会对自己负起责任来。

平心而论，哪有不犯错的孩子，所有孩子都是在不断犯错中成长起来的。父母掌握了这一黄金法则，就等于拿到了家庭教育的万能钥匙，就能以不变应万变，就能心平气和地和孩子相处，就能较为轻松地陪孩子度过青春期，尽情地享受和孩子共同成长的乐趣。一句话，你的孩子因此一定会有美好的人生。

青春期意味着什么？意味着父母的二次成长，意味着父母的教育观需要升级，教育行为需要改变。这是一个巨大的考验，而经受考验、战胜挑战的父母，无疑能收获更多的幸福，也能带给孩子终身受益的财富。

中学生父母最大的问题是什么

有教育机构以"父母在孩子心目中的形象"为主题进行了一次调查问卷，调查地点是在一所中学。当被问到"你的父母是开明的父母吗？"这个问题时，选择"固执己见，听不进任何意见"的占85%；选择"偶尔听从自己的意见"的占12%；选择"父母比较开明"的只占3%。调查表明，多数中学生的父母，思想比较僵化，自我意识较强，思维比较保守，容易固执己见。就如我们常说的，爱钻牛角尖、认死理、死脑筋。

进入更年期的父母，思维容易固化，往往只认自己的理，听不进不同的意见，这一状态使其在面对成长变化中的孩子时，很难与他们相处。更年期的父母容易表现出固执己见，与他们的生理、心理变化密切相关。随着年龄的增长，他们在事业上达到较为理想的状态，或者说进入了最好的阶段，认为自己的阅历比较丰富、人生经验比较多。潜意识中，他们往往认为自己的做法是正确的，容不得孩子有不同的看法。我就见到有一位妈妈气急败坏地对儿子大喊："你小子翅膀硬了，管起老娘来了，老娘过的桥比你走的路还多呢！"由于母子持不同意见，妈妈拿起笤帚要打孩子，孩子紧紧抓住妈妈的手腕，妈妈气得直喘粗气。

青春期和更年期是人生中的两个重要时期。这两个时期的人，在生理和心理上都发生着巨大变化。之前，原本亲子相安无事，父母习惯掌控孩子，孩子也习惯接受父母的命令。直到有一天，原有的平衡改变了，旧有的关系改变了，一切都被打破了。孩子突然不愿再依赖父母了，并开始质疑父母的言行，孩子带着叛逆的眼光审视着周围的一切，昔日和睦的家庭变得"硝烟弥漫"。在孩子眼里，父母从原来的崇拜对象变成了不可理喻的人，怎么看都不顺眼。

孩子的学业成绩往往是父母最为关心的事情，更年期的父母往往表现最甚，高考成为输不起的战役。孩子学习成绩好，就是好孩子；学习不好，则变得极为焦虑；考得上好大学，就是好孩子；考不上好大学，就不是好孩子。当今时代，温饱问题解决了，父母"望子成龙、望女成凤"的愿望尤为迫切。由于虚荣心作祟和相互攀比，许多家长承受着巨大的精神压力。

这种压力有两个来源，一是家长往往把振兴家族的期望寄托在孩子身上；二是希望孩子能在激烈的社会竞争中有一定优势，完成家庭和阶层的向上流动。双重因素使得父母对孩子的期望非常高，对孩子的学习尤其上心。父母过于重视孩子的学业，但自己又不是十分懂得孩子的心理变化和学习规律，加上更年期的固执己见，无形中增加了亲子矛盾冲突爆发的概率。家长不择手段、不厌其烦地要求孩子学习，想方设法要让孩子学习成绩名列前茅，导致孩子和父母的对立情绪越来越严重。有的孩子在重压之下，表示"妈妈天天为学习闹得我内心不快乐，我恨死学习了！""反正是给父母学的，我才不上他们的当呢！要不他们怎么那么在意学习这件事呢？"孩子学习成绩不理想，父母更加心理不平衡，进一步粗暴地干涉、打压，家庭氛围越来越差，亲子关系越来越糟。

毋庸置疑，处于更年期的父母正由壮年向中老年过渡，由于身体功能和各种生理激素的衰退，父母开始对生活感到厌倦、焦虑，脾气变得暴躁、多疑，孤独寂寞不期而至，对未知的恐惧与日俱增。在他们眼里，原本可爱和顺的孩子变成了叛逆者，原本听话、懂事的孩子浑身长满了刺。孩子的很多表现，父母不能接受，如孩子喜欢玩手机、打游戏、和异性同学频繁交往等，唯独不爱学习。这些问题把家长搞得手足无措，更加缺乏掌控感，处于更年期的父母更加心烦意乱，如雪上加霜。

请看下面的案例：

有一位妈妈向我咨询，她的孩子原本是个非常听话的男孩。现在上初三了，所有青春期的毛病都表现出来了。一天晚上，本该写作业的孩子想去和同学玩。妈妈对孩子说："先写完作业，再出去玩。"孩子听了极不乐意，黑着脸不理父母。妈妈接着说："都快上高中了，玩心还那么重！"孩子怒气冲冲地摔门跑了。

家人四处寻找，一晚上没有找到孩子。第二天早晨，孩子回到家中，不和任何人说话，关在自己房间里玩游戏。为了妈妈一句话，孩子两天没有上学。谈到这件事，妈妈两眼湿润了："怎么会变成这样呢？我到底做错了什么？"

孩子到了青春期，不喜欢父母或老师支配自己。他们对"你必须这样做""这样才符合规矩""你一定要早点睡"这类带有强制性的话语，非常反感，有时会表现出极强的逆反心理和暴烈行为。他们希望活出真正的自己，更希望父母平等对待自己、尊重自己，遇事和自己商量。但是，父母由于观念陈旧，加上更年期的困扰，往往还把他们当成小孩子，总想掌控他们，这样免不了会产生对抗。

更年期遇上青春期，可谓狭路相逢。孤独的青春期孩子渴望独立和被理解，困惑的更年期父母渴望得到孩子的理解和支持。所以，如果问及中学生父母最大的问题是什么？答案主要还是自以为是、不知改变、固执己见。所以，破局之道还是从反思自己开始，从重塑教育观念开始，从改变教育行为开始。

当父母有虚心接受别人意见的意识，有改变的心态，全身心接纳孩子，和孩子一起去反思、改变、成长，就会发现和孩子相处的每一天都在变好。

家庭矛盾带来的伤害有多重

大量实践表明，家庭对孩子的影响会延续一生。一个人成年以后的行为，都可以在他幼年期以及青春期的家庭环境中找到线索或答案。

中学阶段正是孩子价值观形成、个性品格养成的关键阶段，家庭的教养方式对孩子的影响至关重要。如果孩子眼中的家是美好的，他一定会对家庭充满希望，而把父母的关爱化作成长的力量，将来一定会成为社会的有用之才。如果家庭给孩子带来的是内心的伤痕累累，那么家庭对孩子而言可谓一种梦魇。在这样的家庭环境里长大的孩子，心态容易失衡，心理往往不会健康，成长中会表现出诸多或心理或行为方面的问题。

让孩子心理健康和行为恰当，一个重要前提是，父母要有良好的婚姻关系，家庭有良好的氛围。只有婚姻关系和谐了，夫妻双方才会有安全感、归属感，才能共同安心抚养、教育孩子。孩子有了安全感、归属感，才能尽情绽放自己，活出精彩的人生。所以，关心孩子的学习成绩，不如关心孩子的心理健康，或者说首先要关心自己的心理健康。父母心态好，身心和谐，孩子也会表现得得体优雅。

我来讲一个案例吧。

有一个女孩，她的父母因生活琐事天天争吵，争吵过后就是冷战。长期生活在这样的家庭中，孩子异常胆小，十四五岁了还不敢一个人睡觉。孩子时不时地做噩梦，总是梦到有人伤害她。为了讨好父母，女孩力争表现出乖孩子的一面，学习成绩也非常好。她认为自己表现好，父母就会有好心情，就不会争吵。由于经常讨好大人，孩子没棱没角，缺乏个性。受家庭影响，孩子对异性不感兴趣，在大学阶段也没有谈过恋爱。在她心目中，婚姻是个麻烦，像爸妈这样吵吵闹闹一辈子，有什么意义呢？两个人不相爱，或者没有爱对方的能力，为什么要组成家庭呢？夫妻双方对孩子负不起责任，为什么要生孩子呢？她三十多岁才谈恋爱，三十八岁才结婚。由于严重缺乏安全感，她一点也不自信，婚姻也不幸福。

　　父母的关爱是孩子健康成长不可或缺的营养素。缺乏家庭关爱的孩子，往往会表现出自私、任性、性格孤僻等不良性格特征。因此，父母的性格和家庭教育方式对孩子性格的养成将起到决定性作用。从心理学角度看，父母性格存在问题，彼此关系不和谐，孩子容易嫉妒别人、不相信周围的人、情绪不稳定、人际关系差等。缺少父母关爱的孩子，进入社会后，还会出现更多的心理问题、行为障碍和性格缺陷。

　　男孩小温的父母老吵架，关系严重不和谐，已经到了濒临离婚的境地。爸爸心情不好时，常常酗酒，酒后往往迁怒于小温。由于时常遭受家庭暴力，小温初中二年级就辍学在家。为了躲避爸爸的无端伤害，小温经常在外过夜。由于缺少家庭温暖，小温和社会上的不良青年有了交往，并从那里获得了心理认同和安慰。小温不断惹是生非，数次被公安局治安处罚。从对父母不满到憎恨社会，小温的价值观逐渐扭曲，后因参与抢劫被判刑三年。

如果一个孩子生活在父母和朋友的鼓励之中，他就会慢慢建立自信；如果一个孩子生活在表扬和关爱之中，他就会无形中学会自我认同和感激感恩；如果一个孩子生活在认可之中，他就会懂得自尊自爱。反之，如果一个孩子总是生活在批评中，常常被父母斥责，他的自我认同感就会很低，要么极其怯懦，要么叛逆心理与日俱增；一个孩子生活在敌意中，他就习惯于争斗；一个孩子生活在羞辱中，他就习惯于自贬。

如果你希望拥有幸福的人生，如果你希望孩子心理健康，将来成为对社会有用的人，那么就搞好家庭关系吧！因为家庭和睦、夫妻恩爱是所有美好事物的基础，是孩子健康成长的前提。这样做，不但是给自己的人生加分，是给自己的生命点赞，也是送给孩子最珍贵的礼物，更是对孩子最美好的祝福。

怎么样才能创造和谐的家庭呢？怎么样才能给孩子营造优质

的成长环境呢？我认为，优秀的父母应该做好如下几点。

第一，婚姻是一场修炼，家是最好的道场。我们要在这场修炼中，让自己的生命得到升华，要成为孩子的人生导师，为孩子身心健康保驾护航。

第二，爱一个人，就要关爱对方内心深处的需求。以前，我的婚姻之所以亮了黄灯，是我计较太多，感恩太少。爱一个人，包括爱他的缺点，哪有没有缺点的人啊！爱人把终生托付给了我，这是对我最大的信任。单凭这种信任，就应该对爱人始终心存感恩。

第三，家是讲爱的地方，不是讲理的地方。在家里，证明谁对谁错其实没有什么意义，没有什么比夫妻和谐更重要，没有什么比孩子健康成长更重要。托尔斯泰说过："在婚姻中，'你对他错'是世界上最恶毒的语言。"大量实践证明，讲感情比讲道理更重要。

第四，父母是孩子的人生导师，孩子的一言一行都会打上父母的烙印。在育人这件事上，我不敢有丝毫的懈怠，我要切实给孩子做好榜样，把优良品格、行为习惯等精神财富一代代传承下去。这其实也并不难，从尊重爱人、善待家庭、陪伴孩子开始，家庭环境变好了，孩子也会慢慢变好，朝着我们期待的方向成长。

第四节　如何看待"问题"中学生

孩子的问题其实不只在孩子身上

美国诗人沃尔特·惠特曼写道："有一个孩子，每天向前走去，他看见最初的东西，他就变成那东西，那东西就变成了他的一部分……"

一个孩子成为什么样的人，和他所处的环境有很大的关系。比如狼孩，出生后就长期和狼在一起生活，学会了爬行，像狼一样嗥叫，并且吃生肉，完全不像社会中的人。

我认识一位男士，他的爷爷、爸爸以及他自己都爱说同一句脏话："狗娘养的！"他的孩子也爱说这句话。可以肯定地说，长辈绝对不会有意教孩子骂人，是他们没有意识到自己行为的后果，潜移默化地影响了身边的人，以致下一代把这句粗话"传承"了下来。

我也听一位年轻妈妈说过："孩子从小就模仿我，三岁的孩子连打喷嚏都和我一模一样。通过此事，我再也不敢掉以轻心，我要做好孩子的榜样，因为孩子在看着我呢！"这种意识难能可贵。大家都知道，一个人的教育是由学校教育、家庭教育、社会教育和自我教育共同完成的，一个环节出了问题，对其他环节会产生很大影响。相对而言，在孩子幼年时，家庭教育影响最大。当代教育之中，家庭教育最重要。因为父母是孩子接触最早的人，他们长期和孩子待在一起，所以对孩子影响最大。

当今时代，孩子所接受的教育看似没有分工，本质上是有分工的。也就是说，学校是教给孩子知识的，而家庭是教孩子如何做人的。帮助孩子打好人生底色，教给孩子写好一个大写的"人"字，都应该由父母完成。从某种意义上讲，孩子的命运掌握在父母手中。所以，父母肩上的责任尤为重大。

孩子出现这样那样的问题，病根很大程度在父母身上，所以单给孩子吃药是不管用的。有的家长可能会说："这也太不公平了，孩子出现问题，抓住家长不放，难道我们愿意让孩子出现问题吗？孩子不懂事，能怪家长吗？"老祖宗留给我们一句话，那就是："子不教，父之过。"父母希望孩子有出息，却不注重培养孩子的"三观"，不从小培养孩子的好习惯，孩子出现心智、行为偏差，自然在所难免。

培养优秀的孩子，需要家庭环境的熏陶、父母的榜样引领、科学的教育方法综合发力，尤其是父母的行为示范。大量实践表明，榜样的力量是无穷的。父母做得好，孩子从榜样中看到了希望，就会确立人生目标，凝聚成长力量。从榜样、希望、目标到激发动力是一个成长公式，能够给孩子的成长带来正向激励。

　　为了让父母加深对自身榜样作用的认识，我在培训家长时喜欢让他们做一个游戏，我说："请大家伸出你们的右手摸你的下巴！"而我用右手摸了额头，大家模仿我的做法，齐刷刷地用右手摸了额头。我问大家："我让大家摸下巴，大家为什么无一例外地摸了额头？"有人回答："因为你摸的是额头。"我说："这个游戏告诉我们，孩子不是看你怎么说的，而是看你怎么做的。"喊破嗓子不如做出样子，身教胜于言教。

　　请看下面的妈妈是怎么做的。有一个家庭，父母望子成龙的愿望尤为强烈。初三时，他们把孩子送到国外读书，妈妈到国外陪读。他们以为让孩子接受国际教育，孩子就能为父母争光，结果却事与愿违。孩子学习不在状态，学业一直下滑。妈妈向我咨询问题到底出在哪里，我告诉她，在什么地方上学并不重要，父母对孩子的影响才重要。要想支持孩子，父母必须不断地提升自我，我们能给到孩子的，一定是我们拥有的。我们让孩子成长，不能把力气都用在孩子身上，自己也要努力传递榜样的力量。

　　接受了我的建议，他们把孩子转回国内读书。为了让自己尽快成长起来，不爱读书的妈妈拿起了书，一本接一本地读。过了一年左右，妈妈读了三十多本教育专著。通过读书，她的胸襟宽了，格局大了，定力强了，对待爱人越来越体贴了，对孩子的信任度越来越高了，妈妈不再事无巨细地唠叨孩子了。以前，妈妈总是担心孩子会出现这样那样的问题；现在，她非常相信我的一句话："放下，意味着升华；改变自我，意味着改变孩子！"她把信任孩子变成无意识的行为，且从内心深处相信孩子。在妈妈眼中，孩子是少有的好孩子，他一定会越来越好，他一定能成为父母的骄傲、家族的荣耀。

榜样犹如一面旗帜，信任犹如阳光雨露，孩子从妈妈的榜样与信任中，看到了人生的美好，看到了未来的希望，铆足了劲儿投入学习中，学习成绩逐步攀升。回访时，这位妈妈对我说："其实，我也没有做什么，不过做了一些应该做的事，况且我做得还远远不够。父母是孩子的人生导师，是孩子的成长环境，是家里最大的风水，这话一点儿不假！"

改变"问题"中学生没那么难

我国心理学家丁赞说过一句话，很有启发性："人类的心理适应最主要的是对人际关系的适应，人类的心理病态主要是由人际关系失调造成的。"在咨询过程中，我发现很多孩子出现厌学、辍学以及自暴自弃等问题，大多是人际关系不好所致。进一步讲，都是亲子关系出了问题，亲子关系的恶化影响了同学关系和师生关系。

人是社会型的群体动物。可以说，关系是一个人成长的核心密码。解决孩子的问题，要从改善关系入手，尤其是从改善亲子关系入手。实际上，家庭教育有一个重要原则，即情比理更重要。有一个屡试不爽的现象，即亲子关系融洽，父母讲的话即使不是十分有道理，孩子也不会对抗；亲子关系不融洽，父母讲的话即便很有道理，孩子也会找别扭。

很多人知道家庭教育重要，但并不知道如此重要。站在家庭教育的角度，我们应该确立这样的观念，给孩子的生命赋予伟大意义，塑造孩子正确的价值观，帮助孩子打好人生底色，让孩子将来成为社会的有用人才，这是父母应尽的责任。所以，为人父母者要不断地读书学习，不断地提升自身素质，让自己无愧于孩子的人生导师这一身份。父母的内心不够强大，就不能给予孩子精神支持；父母的思想比较匮乏，孩子就不可能成为思想丰富的人；父母的家庭教育软实力欠缺，就不可能对孩子产生深远的影响。孩子成长状态如何，很大程度上看父母榜样做得怎么样。

家庭教育的强大功能是熏染和润泽，孩子出现问题一般都能从父母身上找到答案，尽管父母好像不是有意的，但什么时候都不要忘记，父母是孩子的老师和教练，更是孩子的一面镜子。

有一个孩子，在新加坡上初二，妈妈在那里陪读。由于母子关系不好，孩子学习成绩并不理想。我跟这位妈妈讲："父母尤其要让孩子心情舒畅，亲子关系好，孩子在什么地方上学都一样，都会有出息。"接受了我的建议，妈妈带孩子回到家乡山东潍坊上学。为了让孩子有出息，这位妈妈开始在改善亲子关系上下功夫。

有一次，儿子说："妈妈，明天我要去烫发！"妈妈一开始很困惑："男孩烫什么发？"儿子说："我的头发怎么我不能做主呢？"考虑到这是增进亲子关系、给孩子成长助力的最佳机会，妈妈说："儿子啊！你想烫发有你的理由，妈妈虽然不理解这件事，但尊重你的选择，你想烫就去吧！"看到妈妈喜笑颜开，孩子感到妈妈很开明，很理解他。由于妈妈没有反对，孩子臭美了一番，过了一段时间觉得也没啥意思，开学前又到理发店把头发弄成了原来的样子。不同的是，从那以后，孩子把妈妈的接纳、理解和尊重化作强劲的成长力量。经过努力，孩子在高一期间的学习成绩一直在班上排名靠前。

这位妈妈把一个大家公认的坏事变成了好事，可见从亲子关系入手，只要我们掌握了教育的规律以及和孩子相处的规律，一切皆有可能。而改变孩子，眼睛要向内看，切忌盯住孩子的缺点。教育孩子，父母要特别注意一点，即时刻注意孩子的心情。一个人只有在心静如水、气定神闲、定力十足的状态下，才会思考人生，才会自我教育，才会凝聚成长的力量。一个人内心如果极不平静、心烦意乱甚至七上八下，即便他强迫自己去学习，也不会有好的效果。

父母不要总是企图解决孩子的问题，纠正孩子的偏差。事实上，父母总是想着解决孩子的问题，孩子会强烈对抗，因为没有人愿意接受别人强加给自己的事情。家庭教育的一个规律就是，孩子的问题不是父母解决的，而是他自己解决的。父母的任务很简单，那就是给孩子传递正能量，创造好的生活环境，给予积极的心理暗示，对孩子进行正向评价。

父母要先于孩子主动求变

当今时代，亲子之间的冲突，说穿了是新旧观念的碰撞。进入中学阶段后，冲突变得日益明显，长大了的孩子追求民主、自由，要成为他自己。如果父母还用家长的权威来要求、设计、安排孩子，孩子感觉被父母控制、束缚，自然会进行抗争。互联网时代带来社会的重大变革，人们的价值观发生了翻天覆地的变化，特别是当下的中学生，跟父辈在价值选择上差异很大。如果家长不主动求变，冲突不可避免。

有一位爸爸，恶语批评学习退步的中学生儿子，儿子稍加辩解，爸爸一怒之下把儿子赶出家门。儿子在外一个月，学会了抽烟、喝酒，还在网吧认识了几个哥们儿。受不良孩子影响，儿子参与聚众斗殴，为首的孩子被治安拘留，他也受到公安机关批评教育。面对辍学滋事的儿子，爸爸天天在家喝闷酒，摔东西，还时不时把怨气撒在妻子身上。爸爸态度强硬：孩子不认错就别想回家！这位爸爸怨天尤人，唯独没有从自身找原因，并不知道孩子的问题跟自己的家长作风有关。

后来，这位爸爸找到我咨询，问我怎么解决这件事。我直言不讳地指出："什么年代了，你还在压制孩子，孩子要不反抗才不正常呢！"我让这位爸爸先给孩子道歉，再不断改变自己言行，全身心接纳孩子。收到爸爸饱含亲情的短信，儿子感受到了爸爸从未有过的理解和尊重，第二天就回家了，之后亲子关系慢慢好转。

社会的发展给广大父母提出了新的挑战，那就是要用动态的眼光看待今天的孩子。摒弃陈旧的观念，树立民主的思想，是当代父母的必修课。简单粗暴对某些事情也许有效，但在教育孩子上往往不适用，相反要用民主、开明的方法才能事半功倍。前者以牺牲孩子心理健康、破坏亲子关系为沉重代价，后者却能给孩子带来足够的尊重感、安全感，让孩子健康快乐地成长。

沉舟侧畔千帆过，病树前头万木春。不管各位家长有没有意识，社会已经发展到一个崭新的阶段，需要用新的眼光来看待教育。不论你情愿不情愿，孩子进入青春期，个人意识开始觉醒，他有民主思想，要追求自由，这都是不争的事实。

父母做出改变也许有些不情愿，却是一种必需。这就好比1911年推翻帝制以后，让一个人剪掉辫子，如同要了他的命一般；还有后来让女人不再缠小脚，有人也会觉得受了奇耻大辱，长一双大脚怎么嫁人？但是，随着时间的挪移，旧习终究成为历史。颠覆虽然痛苦，但不与时俱进，不反思，不改变，不提高，在教育孩子上就难有改进。因为社会不会倒退，孩子更不会屈服或甘心服从专制粗暴的教育方法。

下面这个案例也许能给父母朋友一些启迪。山东济南有一个家庭，父母都是公务员。由于重视教育，父母给孩子择校，不计成本地投资教育。孩子在知名大学毕业后，又到国外读研究生。父母以为孩子能成人成才，甚至光宗耀祖。但是，后来发生的事，简直让他们不敢想象。

儿子研究生快毕业时，父母通过关系给儿子找了一份让人羡慕的工作，儿子却坚决拒绝，因为儿子不想让父母掺和自己的事情。儿子开了个小公司，尽管赔了不少钱，由于是自己选择的事，儿子乐意，儿子说第一次经商就当交了学费。

后来，父母托人给儿子介绍了对象，儿子不同意，几经周折，后来勉强结了婚。没多久，儿子当了爸爸，却坚决要离婚，还说："父母包办的婚姻，何谈爱情？我不想成为婚姻的殉葬品！"

依照常理，有了孙子以后，妈妈喜出望外，准备去带孙子。谁知儿子说了一句绝情的话："你把我带成什么样子了，现在还要带我的孩子，没门儿！"妈妈说儿子不孝，两个人争吵起来。儿子说："我与你不共戴天，以后咱们井水不犯河水，有你没我，有我没你！"妈妈说："为你操了那么多的心，你却这样对我，我辛辛苦苦养了一只白眼狼！"儿子说："从小到大，我什么都听你们的，我一直是你们的影子，我受够了，现在谁也别想操控我！"

这位妈妈向我倾诉："我前世作了什么孽？孩子这样对待我！"我说："你什么孽也没有作，社会发展使孩子的价值观发生了翻天覆地的变化，孩子是新时代的人，又接受过西方教育，民主思想更为突出。你希望孩子服从父母，按照父母的意志成长，这种教育方法对待数十年前的孩子也许没有问题，但应对互联网时代长大的孩子就不适宜了。孩子已经长大成人，要摆脱父母的管束，要张扬自己的个性，要自由自在地成长，这难道不是值得欣喜的一件事，是我们追求的吗？"这位妈妈若有所悟，喃喃道，看来我们的观念需要更新了。

回想我教育贾语凡的经历，假如当初我把改变的焦点放在孩子身上，那一定是徒劳的，因为没有人会接受别人强加给自己的意志，何况是一个判逆期的青年。这样的认知是经过大量事实验证的。以往，我和贾语凡之间发生不愉快，大都是我一厢情愿地想改变孩子造成的。我费尽心思改变孩子，没有一次能达成我的愿望，最后都是以孩子的对抗告终。

　　我们改变不了任何人，只能改变自己。我庆幸自己选择了自我提升之路，只管做好自己，不给孩子提要求。大量实践证明，孩子都是通情达理的，只要父母做得好，孩子往往会以懂事和进步回报父母。父母是孩子的启蒙老师，是孩子的人生教练，更是孩子的成长环境，是孩子最大的风水。在这个人心浮躁、充满诱惑的时代，父母的作用尤为重要。塑造孩子的价值观，培养孩子的理想、信念，帮助孩子打好人生底色，很大程度都应该是由父母完成的。身教胜于言教，喊破嗓子不如做出样子。孩子和有素质、有智慧的父母在一起，一定会成为有理念、有信念、有作为的人。

去问题化，是父母必须做的功课

　　吸引力法则告诉我们，你关注什么，就能获得更多与之有关的信息；你在乎什么，就最有可能得到什么。用到教育孩子上，吸引力法则也颇为神奇——如果父母真心相信孩子是个好孩子，多关注孩子身上的优点，从内心深处相信孩子会越来越好，孩子就会在父母的积极关注和温馨话语中得到正面的心理暗示，进而激发自己的潜能，朝着父母希望的方向发展。如果父母天天关注孩子的缺点，孩子不断得到负面评价，接受的多是消极的心理暗示，孩子会认为自己就是父母指责的那种人，自己不配拥有美好的东西，进而会讨厌自己、憎恨自己，甚至放弃自己。

人生不如意的事十有八九，关键是怎么看待。事情无好坏，思维在作怪。我们应该树立这样的观念：经历的所有事情都是上天对我们的祝福，都是为我们的成长而安排的；再糟糕的事情也蕴含着美好的成分，坏事的另一面一定是好事。确立这样的思维，我们的生命状态无疑是昂扬向上的，我们和孩子一定会不断努力。

培养优秀的孩子，很多时候是培养一种积极的世界观。关注问题，问题往往会越来越多。不把问题当作问题，而是将之作为转变、升级的契机，人生反而会出彩。孩子本来没有问题，父母过分担心、过于焦虑，问题反而越来越多。

家庭教育的本质是以生命影响生命。我常讲一句话："状态影响状态，情绪左右情绪。"如果父母展示给孩子积极进取、昂扬向上的精神面貌，孩子一定会在和父母相处中受到鼓舞、得到支持，从而对自己充满信心，对未来满怀希望。如果父母天天心事重重，情绪低落，孩子在充满负能量的家庭环境中，情绪受到压抑，他的生命质量往往会大打折扣。

德国哲学家尼采说过这样一句话，很值得回味："每一个不曾起舞的日子，都是对生命的辜负！"言外之意是，生命不是用来度过的，而是用来绽放的。

下面的案例，更是值得我们深思。

有一个上高一的女孩，性格内向，不善言谈。处在父母关系不和谐的家庭中，女孩情绪压抑，天天阴沉着脸。受家庭环境的影响，她的学业成绩不断下降。孩子本来学习压力就大，老师的批评、父母的责备如同雪上加霜。诸多压力导致孩子失眠、食欲减退，她学习状态越来越差，直至辍学在家。经医院检查，孩子患上了中度抑郁症，由于对未来失去了信心，女孩曾两次做出极端行为。

女孩的妈妈向我讨教拯救孩子的良方，我坚定地告诉她："要想拯救孩子，首先要让自己内心强大起来，阳光心态不但能给孩子疗伤，还能给孩子带来希望和祝福。抑郁症并不可怕，它在西方被称作心灵感冒，往往是负能量堆积所致的。只要你举手投足间给孩子制造希望，一定能解救你的孩子。"

妈妈说："我自己痛到了极点，日子都没法过了，但只要能帮助孩子，我一定能做好自己。"她开始反思，孩子的问题其实是家庭不和所致，而这也和自己有关。以前，她比较强势，什么事都要求老公听她的。老公又不甘心做"妻管严"，所以夫妻冲突不断。家里空气沉闷，孩子回家后常常沉默寡言，终于撑不住，崩溃了。

为了提高孩子的安全感，这位妈妈下定决心改变家庭环境。

她向丈夫坦言以前自己做得不好，并向丈夫道歉，下定决心要改变自己。丈夫得到了尊重，家里紧张的气氛缓和了，夫妻间的沟通多了起来。更令老公不敢相信的是，妻子带着礼物回老家看望数年不相往来的婆婆。结婚以来，妻子第一次朝婆婆叫了"妈妈"，婆婆吃惊得半天回不过神来，家里的气氛变得祥和起来。

这位妈妈牢记我的话："父母是孩子的定海神针。"为了让自己蓬勃向上，妈妈请人写了条幅挂在家里，以不断激励自己。慢慢地，女儿脸上有了笑容，从奶奶喜出望外的笑容中，从父母积极向上的人生态度中，从父母和谐的婚姻关系中，从父母对自己真诚的关怀体贴中，她看到了希望，眼睛里有了光亮。两个月后，女儿复学了，精神面貌越来越好，性格变得开朗了，整个人变得有精神了。进入高二，女儿的学业有了很大进步。

后来，谈到女儿的成长历程，妈妈意识到转变的关键就在于去问题化。她无限感慨地说："以前，我心里有一大堆问题，我看老公处处是毛病；孩子这也不好，那也不行。人生是美好的，我却戴着墨色眼镜看待周围的一切。我的'问题思维'导致孩子出了问题，我也受到了惩罚。贾老师做的游戏给了我启迪，在一张白纸上，画了数个黑点，大多数人看到的是那几个黑点，却很少有人看到大片的白。从那以后，我展示给孩子快乐的自己，我心里亮堂了，人也温暖了，孩子也被照亮了，希望被点燃了，生活进入了良性循环的轨道。"

假如你也生活在烦恼之中，不妨从去问题化入手，给自己的点滴进步以奖赏，给孩子的点滴成长以鼓励。假以时日，你会发现家庭会变化，世界也在变好。

第 2 章

我家也有『问题』中学生

第一节　我是怎么改变"问题"中学生的

中学阶段的贾语凡曾是"问题孩子"

由于我下海比较早，不瞒大家说，当很多人还在为温饱发愁的时候，我们家已经衣食无忧了。我的孩子贾语凡上中学时，我是这样看待婚姻和家庭的：我是一家之主，对家里的贡献最大，自然应该有话语权，全家人都应该听我的。我在外面那么辛苦，回家就应该得到照顾。对这样的生活，妻子更应该知足、珍惜，更应该尽到相夫教子的本分。由于我处处以自我为中心，苛求妻子，性格刚烈的妻子难免进行反抗。那时，我们两个几乎天天闹别扭，家里常常是阴云密布。

在不和谐的家庭中，贾语凡的心理已经受到了很大影响，我的家长作风更是让他难以忍受。那时我常常教训他："我给你提供这么好的条件，你一定要加倍珍惜！你周围那么多孩子，有几个能上得起贵族学校？""你拿这样糟糕的学习成绩来回报我，你还有一点儿良心吗？"

我对待贾语凡常常是居高临下、简单粗暴的，有两件事足以反映我那时候的心态。

有一次，贾语凡的班主任通知我，说他的头发太长，建议

第2章　我家也有「问题」中学生

我带孩子去理发。我如同接了圣旨一般，课间操时要带孩子去理发。他说一会儿还要上课，而我认为儿子是在推托、找借口，于是强行拉着他去理发。儿子挣脱我的手，拼命往前跑，我紧追不放，不少学生见识了我的家长作风。

还有一件事，更加伤害了贾语凡的自尊心。那是一个星期天，我和爱人去看他。我带他吃了饭，妈妈又给他和姐姐买了衣服。由于试衣耽误了一些时间，贾语凡回学校比较晚。回学校的路上，他催促我把车开快些，并随口抱怨了几句："回来这么晚，老师一定会批评，早知道这样我就不去了！"我回击贾语凡："车开得已经够快了，还能一下子飞到学校？你也太不懂事了！"贾语凡又嘟囔了几句，我用家长的权威压制他："你再啰嗦，小心我修理你！"我看见贾语凡眼里含着泪，看来是强行把我的粗暴情绪吞下去了。

那一阶段，贾语凡经常玩网游，星期天基本不回家，大多是在网吧度过，光白天玩还不够过瘾，他有时候还在网吧过夜。他玩游戏比较早，我记得他的 QQ 号码是六位数，属于元老级玩家。由于他游戏玩得好，受到一些朋友的追捧，有几个小孩子还拜他为师。为了免受我们的干扰，贾语凡不断换网吧，让我们找不到他。我和爱人一个网吧接着一个网吧找，由于找不到孩子，爱人后半夜在大街上失声痛哭，那种场面真是让人不堪回首。

从上初中开始，贾语凡越来越逆反，越来越不听话，越来越让我不省心。贾语凡学过几年武术，哥们儿义气在他身上比较明显，到了中学后，寻衅滋事的事情越来越多。有一次，一个同学在别人面前讲了他的坏话，他听说后，当即找同学算账。他在同学身上打了十多拳，自己不小心造成掌骨骨折，我带他到医院治疗。还有一次，贾语凡把同学打了，同学的爸爸找上门来，为了平息此事，我诚心诚意地给对方赔了情、道了歉，还两次买礼物去探视被打伤的孩子。

不出所料，进入高中后，贾语凡不断惹是生非，成了"孩子王"，一帮弟兄围着他转。有一次，为了哥们儿的一件事，贾语凡和一位同学杠上了，他俩约好星期天在某地对决。我听说后，赶紧联系了同学的家长，经过双方家长干预，才平息了这场风波。由于哥们儿的频频捧场，助长了贾语凡的个人英雄主义思想，他数次参与同学间的群架，两次被学校劝退。

其实，高中刚开学那阵儿，贾语凡的班主任对他是有充分信心的。但随着学习成绩持续下滑，且不断违反纪律，班主任对他失去了信心。他把贾语凡的座位调到最后一排，作业不交也不再过问。以前班主任经常向我反馈贾语凡在班里的情况，后来慢慢不愿和我交流了。所有这些都表明，班主任放弃了贾语凡。而这也很好理解，贾语凡不能给老师和班级争光，只剩下添乱了，不管不问自是必然。

　　贾语凡的班主任轻易不给我打电话，偶尔打来电话，几乎都是告状的，贾语凡又和谁打架了，又无故旷课了，月测验贾语凡没有参加，他又在课堂上搞了恶作剧，等等。那段时间，我心情特别糟糕，暗暗叫苦：前世作了什么孽，怎么生了一个这么不争气的孩子？更给我添堵的是，班主任曾两次跟我说让贾语凡转学或者出去打工。一次家里有事，贾语凡请了几天假，上学后，班主任对他说："我想你以后就别来了！"这句话表明班主任对贾语凡并不欢迎。

　　仔细想想，贾语凡当年出现问题，是必然的。人是环境的产物，父母是家里最大的风水。山清水秀出能人，穷山恶水出刁民。我的固执与粗暴使得家庭环境很不好，贾语凡身处如此糟糕的成长环境，出现问题实属正常。中学时代的贾语凡处于价值观形成的关键阶段，最需要我们的支持和帮助，而我却总是动辄打骂，给他的成长帮倒忙。

　　贾语凡在学校不受老师待见，回家还要承受来自我们的批评，怎么会有安全感和学习动力呢？他的内心怎么可能没有阴霾呢？怎么不对自己失望呢？怎么不自暴自弃呢？

只怪我那时不懂如何教育孩子

　　我在家庭教育方面欠下的债，逐渐让我尝到了苦果。

孩子频频出现行为问题，我和爱人之间的矛盾日渐加深。感觉孩子的希望破灭了，我们两个人心情都不好，说一句平常话，对方都认为是找别扭。我们两个都想到了离婚，民政局、法院我们都去咨询过，解脱或许是明智之举。屋漏偏逢连夜雨。家庭矛盾、孩子问题以及生意上的压力，压得我喘不过气，我患上了比较严重的神经官能症。大热天我盖两床被子，还感到冷。失眠、盗汗已经让我痛苦不堪，幻听、幻觉更让我备受折磨。

　　那时候，我觉得活得真累，处处不如意，我感到很失落，体会到了人生的无奈，有时候甚至都不想活了。但转念一想，难道我就这样完了吗？我不甘心啊！我中规中矩、老老实实做人，怎么会是这样的结果呢？坦率地讲，那时的我要是继续以自我为中心，我的婚姻就解体了。为什么我的婚姻能得以维系？关键是我的良知和责任心给这件事按了暂停键。我知道离婚容易，但解决由离婚造成的诸多矛盾就没有那么容易了。没有离婚，孩子就出现了比较严重的问题；若是家庭解体了，孩子一定会破罐子破摔，甚至有可能走上违法犯罪的道路。再者，离婚不是给当事人戴大红花的，一个人连婚姻都经营不好，又怎会在其他领域有作为？

　　对每个人来说，婚姻都是一场修行。没有什么比婚姻更利于品格成熟，能让一个人更快改变自我，重新出发。经过婚姻的检验，我发现我的整体素质不高，各方面都有不少薄弱环节，我刻

第 2 章　我家也有「问题」中学生

骨铭心地认识到：一个人最大的过失就是不知道自己有过失。好端端的一个家，让我搞得一团糟，要怪只怪自己，不该怪爱人。爱人和我离婚是对我极度失望，爱人当初把终身托付给我，对我寄予厚望，而我却不知道善待她，这个错误是不可原谅的。

在周围人眼中，我是非常重视教育的。我不遗余力给孩子创造优质的教育环境，乐此不疲地往学校奔波，我费尽心机却收获了一个"问题"孩子。此种结果等于向大家宣告我望子成龙的愿望彻底破产，我的一些做法难免成为别人的笑谈。

有一件事，在我的心灵中掀起不小的波澜。有一年五一小长假，贾语凡和他的姐姐回到家，我们夫妻为一点儿家庭琐事而拌嘴，而且互不相让，越吵越烈。那一刻，性格内向的贾语凡情绪爆发了："你们吵吧，我看你们能吵到什么时候！回家一会儿也不让人消停，我俩性格已经受到影响，你们还不肯罢休？有你们这样做父母的吗？不行你们就离婚吧，我真受够了！"我惊愕得目瞪口呆，半天回不过神来。

锥心刺骨的痛促使我把矛头指向自己。以前，我为生活琐事天天和爱人争个你高我低，境界实在不高。贤人争罪，愚人争理。过去的我常常以自我为中心，大脑中没有自我批评这根弦。以前，我总是费尽心机改变爱人、改变孩子，结果我碰得头破血流。

一次偶然的机会，我看到一句话，似乎找到了问题所在——
"当我年轻自由的时候，我的想象力没有任何局限，我梦想改变
这个世界。当我渐渐成熟的时候，我发现这个世界是不可能改变
的。于是，我将眼光放得短浅了一些，那就只改变我的国家吧！
但是，我的国家似乎也是我无法改变的。当我到了迟暮之年，我
抱着最后一线希望，我决定只改变我的家庭，改变我亲近的人。
经过验证，我发现这也不可能，因为他们根本不接受改变。在我
生命将要结束的时候，我突然意识到，如果起初我只改变自己，
接着我就可以依次改变我的家人，然后，在他们的激发和鼓励
下，我也许能为我的国家做些事情。再接下来，也许我连整个世
界都可以改变。"我慢慢明白，改变别人要从改变自我开始。从
此开始，我确立了一个信念，那就是求人不如求己。我改变不了
爱人，改变不了孩子，唯一能改变的只有自己。

　　为了切实改变自己，我在自己的床头贴上了"鹰的故事"——
老鹰是世界上寿命最长的鸟类，它们可以活到七十多岁。问题
是，它们在四十岁时，必须作出一个艰难而又重要的决定，就是
改造自己、"重新"做鹰。因为，它们四十岁的时候，爪子开始
老化，无法有效地抓住猎物；喙变得又长又弯，几乎碰到胸膛；
羽毛又长又厚，使翅膀变得沉重，不再矫健有力。这时的它们有
两种选择：要么在慢慢老化中等待死亡；要么经过一个十分痛苦

的过程，获得新生。

结果是，每一只老鹰都选择了走向新生的艰难路程。它们首先用喙击打岩石，直到老化的喙完全脱落；当新喙长出来后，再把老朽的趾甲一根一根拔掉；当新趾甲长出来后，再用它们将陈旧的羽毛拔除。五个月后，新的羽毛长了出来，老鹰又踏上了新的征程——继续在蓝天翱翔三十多年。

和老鹰的困境相似，我在四十多岁时面临一个艰难的抉择。要么因循守旧，抱残守缺，浑浑噩噩度过余生；要么重塑自我，脱胎换骨。我的选择是跟上时代的节拍，跟上孩子成长的脚步，让自己接受历练，像凤凰涅槃一样获得崭新的人生。因为我明白，改变自己，提升自我，能给全家带来希望，带来福分！走过去，前面一定是艳阳天。

我是这样改变自己的

从哪里开始呢？

我反思，贾语凡之所以出现问题，是我没有给他树立好的榜样。所以，我要从树立好榜样开始做。喊破嗓子不如做出样子，看到父母改变自我、追求卓越的劲头，他也会有所改变，奋起直追。

为了切实培养自己的榜样力量，我严格要求自己，不玩半点虚假。我知道孩子是试金石，能准确测出父母的含金量。人常说"江山易改，禀性难移"，但我坚信，禀性难移，不是不可移。为了孩子，也为了自己，我必须改变自己，提高自己。我知道我距离一个合格的丈夫、优秀的父亲还很远，但我相信诗人纪伯伦的一句话："再遥远的目标，也经不起执着的坚持。"我不和别人比，只和自己比。我要求自己每天一定有所进步，今天的我即便比昨天的我进步了千分之一，也是一种进步，值得给自己点赞。只要我每天进步一点点，日积月累，一定能达成我的人生目标。

我给自己定了一个"五个一"工程，要求自己每天做好五件事：

第一件事是，每天阅读五十页左右、三万字以上的书籍，通过不断吸取精神营养，尽快让自己成为内心强大、精神富足的人。

第二件事是，思考一个有关孩子成长的问题。孩子之所以出现问题，是我对当代家庭教育认识得比较浅，对人性的理解还不够深刻。要支持孩子，首先要读懂孩子、了解孩子。有一天，我思考了这样一个问题：如何和孩子同感共情？孩子之所以和我对抗，跟我不会和孩子共情有关。而接纳孩子情绪，认同孩子感受，习惯和孩子共情，才是优秀父母必须具备的基本功。后来，我把共情变成了自觉行动。我这样和孩子说话："儿子啊，挨了老师批评，这件事换了谁也不好受，爸爸非常理解你的心情。这件事做起来确实不容易，但老爸相信你一定能迈过这道坎，是金子总会发光的！"这番话不只是对贾语凡说的，也是在激励我自己。

第三件事是，写一篇家教随笔、读书感悟。一天，我在家教随笔中写孩子的学习问题。以前，我不厌其烦地叮嘱孩子学习，要求孩子认真学习，提醒孩子好好学习，结果导致孩子和学习对立起来。正如"牛不喝水强按头"，单纯给孩子提要求，其实加进了强制成分，孩子潜意识里会排斥，而不是主动去学习。悟出这些道理，我把学习的主动权交给孩子，我练好信任孩子这一基本功就行了。还有一点非常重要，那就是父母对孩子的言行要不断给予正向评价，要善于给予积极的心理暗示。后来，我把这些感悟运用到家教实践中，对贾语凡的积极转变起到了很大作用。

第四件事是，每天对孩子说一句有含金量的话。涓涓细流往往能汇聚成汪洋大海。不要小瞧这一句话，每天一句话，汇集到一起，就形成了比较系统的家教理念。有一次，我给贾语凡谈论我的金钱观："与其有钱，不如值钱。"我看他对这个话题感兴趣，就做了延伸。"享乐主义只能让人精神更加空虚。"泰戈尔说："鸟儿的翅膀上系了黄金，它就再也飞不起来了！""人是高级生命，决定其生活质量以及可持续发展的，都是精神追求。"他连连点头，这些观点虽然不是我原创的，但用得恰当，就会对塑造孩子正确的价值观起到潜移默化的作用。

第五件事是，每日对自己的言行进行考评。心理学研究发现，二十一天基本能养成一个习惯，或者改掉一个习惯，九十天能完全养成一个好习惯或者完全改掉一个坏习惯。按照心理学的发现，我把自己要改掉的习惯和要养成的习惯列了一个表，拟订了一个成长计划。

每天晚上临睡前，我会花时间，把自己一天的工作反思一遍。哪一项做得好，我会在表格上填上 A；哪一项落实得不太好，我会在表格上填上 B；哪一项做得比较差，我会在表格中填上 C。填表的过程就是总结的过程，更是反思自己的过程。做得比较好的一项，我会继续坚持；做得不好的一项，我第二天会刻意做好。一段时间后，一些好习惯渐渐养成了，不良习惯大多也改掉了。

每日考评着实让我受益颇多。比如，我容易情绪化、听不进不同意见等不良习惯，就是这样改掉的；我的一些好习惯、好品质，如喜欢做家务、东西随手放回原来的地方、善于综合思维、习惯感恩等，也是这样养成的。我这样严格要求自己，不但不感到委屈，甚至还有几分庆幸。我常常发出这样的感叹：上天对我特别青睐，不想让我的人生留下过多缺憾，有意让我在教育孩子方面经历挫折，让我不断战胜、完善、超越自己。仔细想想，我每天做的事是在为自己的人生加分，是在为孩子的成长助力，是在为全家祝福，也是在为构建和谐社会做贡献。有人可能会说"你说得太大了"，其实一点不大，因为和谐家庭是和谐社会的基础，作为社会的基本单位，只有家庭和谐美满，社会才会更美好。

有一次，贾语凡和我说了一番话，让我着实感动。他说："老爸，以前我不信服你，所以总给你找别扭；你说你要来陪读，我从内心反对。以前，我们不经常见面，还闹出那么多状况；要是天天在一起，还不一定会出什么洋相呢！你说你要改变自己，我也不大相信，一个成年人能有多大改变呢。尤其是比较自我的人，改变起来就更不容易了。不过，我做梦也没想到，你下了那么大决心来改变自己，而且做得让人心服口服，连对你积怨比较深的人都看到了你的提高。我妈几次对我说：'你爸变了，变得和以前几乎不是一个人了，你要听他的话，他现在说话、办事都站在理上。'你这样努力，我要是再不努力，真的说不过去。"

我的眼眶湿润了，多么懂事的孩子！我的点滴进步能激发他的自我反思意识，带来他的巨大进步，我还有什么遗憾的呢？没有不良的孩子，只有不幸的孩子，孩子出现问题，病根往往是在父母身上。父母做好了，一切问题就迎刃而解了。

我深深体会到，家庭教育说穿了是父母的自我教育。与其说父母在帮助孩子，还不如说孩子在帮助父母。

第二节　是的，我曾是"问题"中学生——语凡自述

我为什么会成为"问题"学生

我的父母没有上过大学，从小到大，我接收到的信息是，他们要通过我和我姐来实现他们的大学梦。加上奶奶的影响，我的父亲特别重视教育，在我的学习上不吝投入。我的姥爷是远近闻名的绅士，家训是"家财万贯，不如教子成才"；我的舅舅曾是陈庚将军的部下，在哈尔滨军事工程学院政治部工作。受家风家训熏陶，我觉得我的父母望子成龙、望女成凤的愿望尤其强烈。

1994年，我姐十一岁，我九岁。为了让我们接受良好的教育，我爸花了不少钱把我们送到当时市里最知名的贵族学校。按父亲的说法，是为了让我们培养起贵族气质，将来能融入上流社会。但是，从小远离父母到外地上学，每个月才回家一次，我和我姐缺少父母的陪伴，是没有足够安全感的。我姐的性格比较随和，我则偏内向，也许这种性格特征就是上学那段时间逐渐形成的。

我的父亲重视教育是远近闻名的，他把我俩的教育放在了非常重要的位置。在我们上过的几所学校中，所有的老师我爸爸都拜访过，而且和一些老师相当熟，甚至成了朋友。父亲和老师交流得多，老师自然对我比较关注。比如，上课经常提问我，时

不时找我谈话。我爸不但和老师接触得多，对我的同学也比较熟悉。高一期间，我们班上五十位同学，我爸几乎全能叫上名字。为了提高我的学习成绩，爸爸想尽了办法，比如数次请学习好的同学吃饭，让他们帮助我学习。

我爸爸还有一点对我影响很大，那就是他的观念比较传统，而我妈妈个性比较强。每次回家，他俩几乎都要拌嘴争吵，有好多次吵到互相伤害的地步。刚到外地上学时，我盼着回家，后来我干脆不想回家了，因为每次回家几乎看到的都是他俩吵架。最让我不能接受的是，父母吵架的时候，一点儿不顾我和我姐的感受，我俩好言相劝也不起任何作用。那时，我对他俩极度失望，有一段时间他们说要离婚。实话实说，我从内心是同意的，因为我对家庭已经失去了信心。

和天下父母一样，我的父母是爱我的，但他们的爱是残缺的。他们只知道在物质上满足我和我姐姐的要求，每次送我们上学，都带上足量的食品、成箱的奶制品、各种水果等。每次放学、上学，父母都是车接车送。服饰、鞋帽等生活用品，我和我姐都比较充裕。可以说，我在物质上应有尽有，但在精神上却极度匮乏。爸爸基本不了解我的心理需求，很少耐心地和我谈话。每次和爸爸见面，他对我除了教导就是训斥。后来，我干脆不和爸爸说话了，他说他的，我想我的，我把他的话这个耳朵进，那个耳朵出。

家庭不和谐也影响了我的心态，那时我看世界一片昏暗，我从对父母的失望，延伸到对周围人的不信任，乃至对整个社会的不满。我对学习失去了信心，就到网络中寻求精神寄托。由于投入的精力多，取得的成就也大。我在网络中呼风唤雨，称王称霸，周围的人追捧我，我还带了几个徒弟。可以说，我在网络中找到了自己的"价值"。那时的我，数天不上学可以，一天不上网可不行。

小时候，我学过几年武术，懂得一些散打的皮毛和防身要领，我自认为很了不起。在朋友心目中，我讲义气是出了名的。虽然我在老师眼中是差生，在父母心中是问题孩子，但我在哥们儿中间还是很有威望的。上中学时，我把自己看作正义的化身，哪个弟兄受欺负了，求到我，我都会出面帮他摆平。

最严重的一次，因为一个哥们儿，我参与了两所学校学生的争斗。两帮年轻气盛的人相遇，矛盾激化，很快场面就失控了。同学们打在了一起，结果造成邻校两人受伤。经法医鉴定，受害者构成轻伤。公安局立了案，为首的两人被学校开除，我被学校给予留校察看处分。

初中阶段，有老师推着拉着，我的学习还算可以。2002年，我考入市里的一所重点高中。进入高中，学习内容增多，知识难度加大，我感到学习有点吃力。第一学期期中考试，我的学习成绩下降了一大截。这一下，我如同犯了弥天大罪。学科老师接连找我谈话，父母也对我兴师问罪。那时候，我的家里一团糟。父母闹离婚，心情不好，就把怨气撒到我身上。老师也不待见我，曾两次动员我转学。我觉得学习没什么希望，于是选择了和父母、老师对抗。

那时的我心里是这样想的：老师都是势利眼，关注的永远是学习成绩。能给老师争光的学生，会被当成香饽饽；学习落后的，永远被看作抱养的。父母口口声声说爱我，却不了解我的内心感受。父母不曾帮助我的学习，却希望我学习成绩优秀，这不是不讲理吗？

学习成绩好能得到认可，打架滋事同样能获得周围人的追崇。那时，一帮兄弟把我当成中心，不少女同学也仰慕我。虽然老师不待见我，不少哥们儿却很认我。我的慷慨仗义也是大家公认的，凭着这些，我在学校也有一席之地。

为什么节假日我不愿回家？我觉得那个家和我没有关系。为什么我要去玩网络游戏？因为我需要被认同、被理解、被尊重。有谁真正尊重过我？我明明知道网络是虚幻的，但那里的人懂得我。我为什么要和别人打架？是为了证明自己的存在和价值。

你们说我学习不行，我还有能行的地方，我的拳头比很多人硬。你们认为我不争气，让你们脸上没有光彩，我为什么还要给你们争光呢？你们认为我不重要，我只能让你们更加失望；既然我不能让你们正眼瞧我，就只好惹是生非让你们关注我。

就这样，高一时，我渐渐成了老师眼里的"问题"学生，成了父母眼里的"问题"孩子。

我与父亲的几次交锋

我爸爸是一个固执己见的人，他认准的事往往很难改变。在他心中，他认为好的事，我就理所当然地必须认同，必须全力以赴去做。

记得在我上小学五年级的时候，学校为了培养孩子的各种兴趣，开设了一系列特长班，如音乐班、书法班、武术班等。在选择特长时，父亲坚持让我报了书法班。他给我讲了学书法的诸多好处，如书法是中华民族的国粹，字是人的脸面，一个人的本事大小别人并不知道，但如果你能写一手好字，别人一眼就能看到，会对你高看一眼。我认为，原因只有一个，那就是父亲喜欢书法。

我内心想报武术班，但由于父亲的坚持，我报了书法班。每晚上一节书法课，专业老师手把手地教写毛笔字。我的钢笔字写得不好，更没有练过毛笔字，书法学习一直进入不了状态。看我写字不入门，父亲比我更着急。他从老家开车一百多公里，坐在我旁边看我写字。为了加深我对书法的认识，爸爸想了不少招。比如，星期天带我到某书法家家里做客，以激发我练字的兴趣；爸爸还请周围的朋友写一些书法作品，装裱后挂在家里，带给我一些艺术上的熏陶。所有这些，并没有对我学书法有所帮助，因为我的心思全在学武术上。

一次书法课上，爸爸看我写的字很差，不由得怒从心头起："学了这么长时间，把字写成这个样子，太令人失望了！"爸爸粗暴的责怪，尤其当着老师和同学的面，激发了我的对抗情绪。不善言谈的我和爸爸顶嘴："我早就说过我不喜欢书法，你非要让我学！"如此尴尬的局面让书法老师不知所措，他打了个圆场对我爸爸说："今天先不上课了，你把孩子带回去吧！"

回家后，爸爸不依不饶："给你交这么昂贵的学费，你一点儿不知道珍惜，还不如用这些学费资助几个贫困生，要你有什么用？"那一刻，我彻底被激怒了："有你这样做爸爸的吗？强迫别人做事，赶鸭子上架，我不学书法了！""这还了得，翻了天了！"盛怒之下，他在我屁股上打了两巴掌，虽然不是多么重，但把我的心伤透了。我想："他怎能这么不讲道理？就因为我是你的孩子，你就可以为所欲为吗？如果是这样，我宁愿当个孤儿！"

看着我实在学不好书法，书法老师也对我爸爸说：你儿子没有这方面的天赋，建议改学其他特长。后来，我爸爸出于无奈，让我学了武术。由于是喜欢的事，我学起来像模像样，很快就出了成绩。在学校组织的武术表演中，我总是领衔表演，还得过奖。

由于我喜欢上网，阅读的纸质书比较少。上了高二后，我的课外阅读仍没有实质性的改变。我知道这是我的弱项，但爸爸强迫我读书时，我就自觉不自觉地变得反感。一天，他发现我的阅读比较薄弱，先是不厌其烦地对我说："阅读对一个人十分重要，没有养成阅读习惯，是一个人的人生短板，一定要尽快补上。"紧接着，他给我买了很多书，并要求我阅读。

一次，爸爸给我推荐了一本励志类书籍，并要求我马上阅读。任何事情加了强迫的因素，都会让人感到不舒服，因为没有人愿意做别人强加在自己身上的事。爸爸要求我读书，本来我就不太乐意，结果是读起来热情不高。第一天我勉强读了三五页，第二天心不在焉地翻了翻。看到我在敷衍，爸爸又批评我："这么重要的事，你就不上心，这样下去怎么得了？怎么会有学习动力？好书拿到你面前，你都不肯读，真是扶不起来的阿斗！"

这句话彻底激发了我的对抗情绪，我提高声音说："你觉得好，你可以读啊！"两人都有情绪，争吵逐渐升级，我把房门用力一摔，离家出走了。空旷的街道，几乎看不到人，我想回家，但又怕丢面子。到哪里去呢？网吧自然成了我的去处。我在网吧待了一夜，上网累了就趴在桌上睡一会儿。那一夜，我的内心，不太好受，我真不知道他是怎么想的。后来我得知，那天晚上爸爸到处找我，找了一整夜。

第二天，爸爸对我说："强制孩子读书，是得不偿失的做法。孩子没有读书，还离家出走，第二天又耽误了一天课，自己也受到了心灵煎熬，的确百害而无一利。"从那以后，爸爸再也没有强迫我读过书，而是身先士卒，为我做出表率。

看到爸爸一本接一本地读书，我也开始拿起书来翻翻。从不自觉到自觉，从被动到主动，我逐渐对阅读产生了兴趣。我这个人有个特点，就喜欢读名著，尽管这类书比较难读，但读起来有味道，耐咀嚼。高二下学期到大学期间，我阅读了大量的人文经典书籍，如马克思的《资本论》、罗曼·罗兰的《约翰·克利斯朵夫》、梭罗的《瓦尔登湖》等。这些书给了我充分的人文滋养，帮我打开了人生的天空，让我受益终生。

但在高二上学期，我还处于没有学习动力的阶段。我的学业一路下滑，甚至成为班上倒数，这下我爸按捺不住了，想了很多办法提高我的学习成绩，如求助于班主任和任课老师，希望他们能激发我的内在动力；让老师给我调座位，和班长同桌；等等。爸爸用的这些招都没有解决我的根本问题。因为上课时我脑子里想的是网络游戏，思考的是爸妈离婚之后我该怎么办。我内心无法安静下来，诸多杂念导致我不能专心学习。

一段时间后，我的学业不见起色，爸爸产生了一个非常极端的想法：那就是给我转一个学校，陪我一起上课，和我共同学习，帮我提高学习成绩。我知道，如果我同意爸爸的想法，他一定能做到。任何只要能提高我学习成绩的方法，他都会全力以赴去做。但是，如果是这样，我的一举一动就会被爸爸监督，不把我逼疯才怪呢！

我爸爸做事向来雷厉风行，说到做到，他帮我联系好了学校。老师同意我转学，而我内心窝着一肚子火，什么事都强制我，连上哪所学校也由他来决定，让人太没面子了。我和爸爸发生了激烈冲突，他仗着父亲的权威来压我："你在学校不好好学习，我来帮你你又不接受，你到底要干啥？"我反驳道："是你学习还是我学习，亏你能想得出来，你天天坐在我身边，让我怎么学习？"他情绪爆发："正因为你不够自律，我才放弃事业陪你，你怎么不理解我的良苦用心呢？"我放出了狠话："你再让我转学，我就不上学了！"

爸爸出于无奈，没有再提让我转学的事，但他并不甘心。提高我的学习成绩一直是他的执念。令人欣喜的是，爸爸后来通过改变自己、提升自我，让我看到了诚意，我很受感动，于是萌生了努力学习、考上名校的想法。

我是这样考上名校的

我在学业上奋起直追是从高二下学期开始的。那时，爸爸提出来陪读，我坚决反对，不经常在一起，还闹出许多不愉快，天天待在一起，一定会出现更多的矛盾。爸爸却态度和蔼地说："做生意这么多年了，我想静下心来读点书。放心吧，我只照顾你的生活，不干涉你的学习。"

我逐渐感觉到，爸爸是下了决心改变自己才决定来陪读的，他把陪读变成了提升自我的最佳契机，他把自己定位成读"父母大学"。刚开始，我对他提高自己持怀疑态度，一个成年人能有多大提高，况且是一个固执己见的人。经过一段时间的接触，我对爸爸的印象逐渐有所改变。爸爸除了每天做好可口的饭菜外，大部分时间都在读书学习。以前那个强势、粗暴的爸爸不见了，变成了遇事征求我的意见、和我温和说话、笑容常常挂在脸上的爸爸。

有一次，他语重心长地对我说："语凡啊！以前老爸认为我的人生还算比较成功，我对这个家也做出了一定贡献，自认为是一家之主。但是，经过你的事，我觉得我的含金量不高啊！我的人生还有不少短板。最近我悟出了一句话：名望是别人眼中的我，品格才是真正的我。这次，我从内心深处希望提升自我，你要多帮助爸爸，让我成为名副其实的好爸爸。我做得怎么样，你最有发言权。"

爸爸是这么说的，也是这么做的。他每天早上五点钟起来读书，夜里我休息了，他的房间还亮着灯，他密密麻麻写满了几个笔记本，全是读书笔记和家教感悟。我惊喜地发现，爸爸和我说话没有了要求、干涉和质问，有了赞美、鼓励和征询。

有一次，看到老爸的笔记本，着实让我吃了一惊，原来老爸和我谈话或者和老师交流都是经过认真备课的。那一刻，我被感动了。我在想，一个成年人，一个别人眼中的成功人士，为了自己的孩子，那么用心地检视自己，不计成本地提升自我，一般的爸爸真是做不到！瞬间，我对爸爸肃然起敬，也对自己充满了信心。

爸爸每天除了买菜做饭外，就做四件事。第一件事，读书学习；第二件事，到书店买回大量的图书；第三件事，和老师沟通交流，我们租的房子就在学校隔壁；第四件事，对周围的家长传播家教理念。可以说，爸爸心中装着家庭教育这件事，无时无刻不在践行这件事。我在想，不管是什么人，只要把一件事做到朝思暮想、魂牵梦绕的地步，他要不出成就上天就对他不公平了。

我能感受到爸爸对我是无条件接纳的，尤其是我犯错后，爸爸能对我包容，着实让我心悦诚服。

有两件事特别值得一提，先说第一件事。

因为急于证明自己，我在一次考试中抄了同桌的卷子，监考老师发现后，把此事交给了政教处。爸爸被通知到学校后，不但没有批评我，还给了我莫大的支持。爸爸善于发现我闪光的地方，他充分肯定我希望考出好成绩的愿望，这比以前不在意学习成绩，甚至不参加考试，不知要好多少倍。考试作弊是不可原谅的错误，但爸爸相信我是个诚信的孩子，绝对不会再犯类似的错误。由于爸爸的担保，鉴于爸爸的信心，学校没有给我任何处分。爸爸总把我往好的方向设想，这一点成了我向善向好的强大动力。由于爸爸的充分理解和大力支持，我从此走上了健康成长的快车道，我心无旁骛地投入到学习中，高二下学期期末考试，我爆出了冷门，比期中考试提高了 252 个名次！

再说第二件事。

由于我在小学学过一点武术，加上我在网络上接触了一些暴力内容，于是有了比较明显的个人英雄主义思想，这导致我频频打架滋事。由于我数次参与同学间争打，两次被学校提出退学。其中一次造成严重后果，致使邻校一位同学轻伤。如此严重的一件事，我深刻反省，后来改正错误，完全得益于爸爸和我的一次谈话。

关于这件事，老爸做了深刻的自我批评。老爸认识到，我之所以屡次参与打架，是他的教育欠缺所致，他简单粗暴的教育方法激发了我的对抗情绪，错失了让我深入反思的机会，以致我对这件事的认识停留在感性层面。老爸帮我剖析了"子不教，父之过"的深层次原因，法律规定未成年人对受害者造成损失，应当由监护人承担责任，是有科学依据的。

正是老爸严于律己的精神激发了我的自我反思意识，让我对这件事的认识上升到了一定高度，从此我再也没有犯过类似的错误。

不但我感受到了发生在爸爸身上的巨大变化，妈妈也有同样的感受，妈妈对爸爸从同床异梦到佩服得心服口服。有一次，妈妈对我说："你爸爸变了，变得和以前好像不是一个人了。你要听他的话，一个成年人能有如此大的改变确实不容易。"我在想，爸爸的进步、提高是令人信服的事实，连对他完全失望的妈妈，都感受到他的改变和提高。慢慢地，我对爸爸的态度，从对抗到认同，再后来就是信服和崇拜了。到后来，爸爸甚至成了我的知己。

我的内心在翻江倒海，一个人还可以这样活，一个成年人能有这么大改变，可以说是个奇迹。我从爸爸身上吸取到了成长的力量。我心中确定了一个信念——一定不辜负爸爸，不辜负这个家、这个时代。这个时代造就了爸爸这样的人，我也有机会变得优秀。我一定要给爸妈争光，一定要对自己负起责任，一定要最大限度地实现我的人生价值。

当一个人被崇高的人生愿景鼓舞着，往往能产生巨大的精神力量。从此我上课能专心致志听讲了，作业也能认真完成了，上网的频率也在一点点降低，到后来基本不想上网了，甚至感到有些乏味。这一切都缘于我领略到了现实的美好，我在现实中有意义的事情还做不完，虚拟的东西对我不再那么有吸引力了。

还有一点也让我感触颇深。我全身心投入到学习中，自然也避免了不少麻烦。昔日的哥们儿看到我每天干的都是"正经"事，有什么事也不叫我了，况且他们知道我也不会参与了。一位哲人说过："一个人是正确的，他的世界就是正确的。"

学习是要在内心安静、气定神闲的状态下才能完成的事。爸爸的提高、家庭的和谐大大提高了我的安全感，我内心没有了恐惧和不安。我的内心和谐了、顺畅了，求知通道随之打开，学习效率也大大提高了。大家知道，高二、高三的学习是有一定难度的。由于爸爸的榜样引领，我心中凝聚了巨大的心理力量，带来学习成绩的节节上升。我的成绩从班上倒数第一、第二，提高到班上前十名。2005年高考，我考进"985工程"大学——西北农林科技大学。

梳理我的成长经历，我不由得发出这样的感叹：我是不幸的，又是幸运的，归根结底是幸运的。这一段特殊的经历让我更加成熟，更加练达，让我对家庭教育的认识更加深刻，给我后来从事家庭教育工作奠定了坚实的基础。

第三节　改变中学生的内力与外因

我的确曾经不是一个好爸爸

曾经，我在家乡当地也算小有名气，是县工商联副主席、县政协委员，每年两会都会在电视上露露面，这些光环不免让人对我高看一眼。和我深度交往的人都知道，虽然那时的我在别人眼中是个"成功人士"，我的家庭却是一团糟。夫妻关系不和谐，孩子的成长出现了比较严重的偏差。我重视教育是出了名的，在周围人的眼中，我是不计成本地在投资教育。孩子出现问题，不但我接受不了，也会被别人看作一个天大的笑话。

教育家蒙台梭利说："儿童是成人之父，儿童是文明之父，儿童是人类之父。"敬畏生命、敬畏童心应是成年人的必备素质。孩子是心理学家，能对父母做出评判；孩子是试金石，能准确测试出父母的含金量；孩子不认同我，不信服我，是我做父亲的失败。

意识到自己不是一个好爸爸，为了切实提升自我，我在床头写了一句话，用以勉励自己："别人怎么看你不重要，自己的道德操守更重要，得到孩子认同最重要。"

经过深思熟虑，我关掉了自己的厂子，在学校旁边租了房子，当起了专职"陪读父亲"。我把陪读当成了内外兼修的机会，把陪读当成做孩子榜样的契机。陪读期间，我通过大量读书来充实自己。我粗略算了一下，陪读两年，我读了两百本左右的书，写下了八十多万字的读书笔记、家教随笔、成长日记。为了和孩子有效沟通，每次和孩子交流之前，我都认真备课；每一次和老师沟通，我也往往先演练一番。

贾语凡的课外阅读薄弱，一直是我的一块心病。怎样能补上这一课呢？我动了脑筋，买回大量书籍，稍有空闲，就拿起书来读，家里有了浓浓的读书氛围，对他是个正向影响；家里到处放满了书，他所到之处都能接触到书籍。从随手翻翻到读一些文章，贾语凡开始了阅读之旅。为了让他真正喜欢上阅读，我决心利用好分享这件法宝，经过反复演练，我掌握了分享的要领，时不时给他分享读书心得。

只谈我的感受，只字不谈学习成绩，贾语凡往往不会对抗。通过润物细无声的熏陶，加上不着痕迹的分享，上高二的他逐渐养成了读书习惯。通过读书，他的思想丰富了，自我教育意识增强了，也开始思考自己的人生了。他逐渐意识到，要对自己负责任，对家庭负责任，对学校负责任，要实现自己的人生价值。

上天不会辜负任何一个努力上进的人，我发现贾语凡心中上进的种子发芽了。慢慢地，他内心的对抗情绪逐渐减少，上网的频率在一点点降低，学习也渐入状态。高二下学期的期末考试，他的学习成绩有了大幅度提高，从全年级426名提高到了174名，这为他后来顺利考入"985工程"大学奠定了很好的基础。

回顾这一段往事，我内心感慨良多。我感谢贾语凡给我提供了继续成长的机会，让我对未来充满希望；我也感谢我自己，在孩子出现严重偏差的关键阶段，没有放弃孩子，而是选择了接受人生的挑战。正是这个挑战，让我对当代家庭教育有了比较深刻的认识；正是这个挑战，让我的生命得以升华；正是这个挑战，彻底改变了我的命运。

我庆幸有一个敢于改变的爸爸——语凡自述

我从小跟着爷爷奶奶长大，小学三年级又转到市里上学，本来和父母接触得较少，加上父母关系不和谐，造成我性格比较内向。我不太爱表达自己的想法，也不善于和同学交往，回想学生时代的自己，骨子里是有点自卑的。可以说，我的童年时代是在压抑、自责中度过的。

对别人来说，周末回家应该是件快乐的事情，但我回家后看到的往往是父母争吵，恨不得马上回到学校。我战战兢兢地度日，极度缺乏安全感，总觉得不定哪天这个家就散了。我的学习在那时也完全进入了恶性循环。上课不听讲，作业打折扣，考试不参加。父母接受不了我学习退步的事实，不断给我施压。老师也数次找我谈话，在班上点名批评我。随着知识难度的加大，我干脆放弃了学习，因为学习带来的心理体验都是痛苦的。

由于缺乏理想、信念、人生方向和人生目标，只能浑浑噩噩、得过且过，我认为我是被抛弃的人，看不到自己存在的意义和价值。没有远大的人生规划，我开始追求眼前的快乐，我选择了上网打游戏。我把大量精力投入到网络游戏上，在游戏中被一些人追捧，还带了几个徒弟。不打游戏的时候，我虽然表现出对老师、父母的强烈对抗，但也有良心发现的时候。有几次，我扪心自问："我这样昏天黑地地玩游戏，难道这种生活就是我心中渴望的吗？我也想进步，有向上的心，可为什么没人理解我，为什么非要把我当成坏孩子呢？"有一次，我做了一个噩梦，梦到我掉进一个深不见底的深渊里，我痛苦地挣扎，醒来后发现出了一身冷汗。

那时的我，真的如同掉进深渊里，越挣扎陷得越深。我多么希望父母能够读懂我、理解我，了解我的心理需求，我多么渴望老师能拉我一把。现在回头看，高中期间，我能有比较大的转变，很大程度上是缘于爸爸对我的影响。我庆幸自己有一位勇于改变、敢于担当的爸爸。在我人生最糟糕的阶段，他没有放弃我，而是选择了提升自我，改善家庭环境。他让我看到了未来的希望。归纳起来，我的改变源于他的三个理念。

一是爸爸把我的成长放在了最重要的位置。从记事起，爸爸就非常重视我的教育。比如，把农村户口转为城镇户口，小学三年级就把我送到市里的好学校。上高一期间，我不爱学习，爸爸毫不犹豫地关掉了自己的厂子，到学校附近租了房子做"陪读父亲"。这是很多人做不到的。爸爸这样做，足以说明我在他心目中相当重要。

二是爸爸把提升自我放在第一位。刚开始，对爸爸的陪读，我内心是抵触的。我万万没有想到，爸爸是动了真格。他每天除了买菜、做饭外，大部分时间都在读书学习，思考如何进步。一段时间后，爸爸和我说话，没有了命令和训斥，取而代之的是理解、尊重、征询和商榷。更让我佩服的是，爸爸很少情绪化了，他和妈妈的关系越来越融洽了，家里多了温馨、祥和的气氛，我也爱回家了。单从这一点，不能不让人肃然起敬。

三是爸爸和我在一个频道上。以前，爸爸习惯挑我毛病，鸡蛋里边也要挑出骨头来。现在，爸爸对我的态度和蔼可亲，我做错了事爸爸也不像以前那样狠狠批评我。有一次，我考试没考好，爸爸得知后，语重心长地对我说："没考好太正常了，看得出来你也在总结教训。哀兵必胜！我敢断言，下次你一定能考好！"还有一次，我骑自行车撞了一个小孩，到医院花了不少钱。爸爸却说："我知道你不是故意的，谁会有意给家里添乱呢？

老爸相信，这件事一定能换来你交通意识的提高，这才是真正的成长！"

爸爸的改变，让我有了担当，有了牵挂，有了奔头。我把对老爸的信服化作了成长的力量。从那时候起，我发誓要对自己负责任。

我的改变成就了现在的事业

我的改变、提高不但让孩子受益，也让我拿到了打开幸福之门的金钥匙。隔行如隔山，隔行不隔理，一个人在教育孩子方面通了，其他方面也就通了。

比如，我与妻子的关系上了一层楼，她由对我视若路人到高度认同，我所从事的家庭教育事业也上了新台阶。可以说，我收获了人生的全面丰收。我为什么会有如此大的动力来改变自己、提升自我？最主要的原因是，我吃的苦头比较多，经受的心灵煎熬比较强烈，因此改变自己的愿望才如此迫切。

我讲一个自己亲身经历的故事吧。

我年轻的时候，有一位老师上课时，向我们提了一个问题。老师问："同学们，记得自己爷爷的请举手！"举手的有 50% 左右的同学。老师又问："记得自己曾祖父的请举手！"这时，举手的人只剩下 5% 左右。

老师说："我们的祖父和我们只隔了一代人，曾祖父和我们只隔了两代人，我们中的大多数人竟然已经把他们忘记了，这不能不说是一种悲哀。"我和同学面面相觑，不知道说什么好。老师接着说："仔细想想，若干年后，我们的后人如果把我们忘了，其实那不是他们的错，而是我们没有给后人留下值得记忆、珍藏和传承的东西。"

老师说："要让后人永远记住我们，有一个屡试不爽的方法，那就是不断践行优秀品格，积累优秀品格，把良好习惯、优秀品格等精神财富一代代传承下去。进入此种境界，我们的家族在世代辉煌的同时，后人也会把我们永远记在心中。"老师的话在我心中埋下了种子，我发誓要成为老师讲的那种人，要让后代永远记住自己。

不料人到中年，我的孩子出现了问题，其实是我的教育出了问题。好在我把改变、提升自我当成人生拐点，慢慢地，一切都向好的方向发展。我的改变、提高不是做表面文章，而是从内到外的改变。我心里非常清楚，孩子不会随便认同我们，更不会随便接受父母的影响，除非我们做得非常好，孩子从内心深处把我们作为榜样。由此可见，提升自我来不得半点虚假，走不得丝毫捷径。你有几斤几两，孩子心里都有杆秤。

我的改变、提高对我所从事的事业产生了很大的促进作用，尤其是我的帮教工作，不断走上新的台阶。通过接触大量的家庭案例，我对教育和人性的理解更加深刻，对互联网时代如何做好父母有了更全面、更精准的解读。

来自四川成都的阳阳，辍学九个月了，他的妈妈不知道怎么办，找我求助。我给阳阳打了一个电话，孩子第二天就上学了。后来，他以昂扬向上的姿态投入到校园生活中，最终考上英国的剑桥大学。

一位家长说："贾老师，我还没给你介绍，你怎么知道我孩子的问题是因溺爱所致？"我说："只有溺爱才会出现这些问题，如自私、任性、以自我为中心、意志薄弱、习惯逃避等。"正如福尔摩斯所说："如果你能把1000个案件的所有细节了如指掌，那么你对第1001个案件无法作出解释、不能作出判断，才是怪事！"

我深深体会到，给孩子做表率是培养优秀孩子的不二法门。处在互联网时代，社会进步给广大父母提出了比较高的要求。与时俱进，提高素质，就成了为人父母的必修课。

高中阶段的转变对我意义非凡——语凡自述

通过努力，我考上了过去想都不敢想的大学。通过这件事，我觉得自己能行，我更加相信自己，对未来充满希望。所有这些，对我后来的学习、工作都产生了很大的影响。

以前，我对别人不信任，目睹父亲的巨大改变，我觉得人心都是向善、向好的。从我身上，我也看到成千上万的孩子需要唤醒，千千万万的父母需要帮助。我感到肩上沉甸甸的社会责任，我为什么不帮助众多父母更新家教观念呢？我为什么不帮助更多的孩子扬起人生的风帆呢？我走过的这一段特殊的人生道路，不正是宝贵的精神财富吗？我为什么不利用自己得天独厚的优势呢？

思路理清后，我放弃了中铁公司、中国移动等单位的就业机会，选择从事家庭教育工作。为了系统掌握家庭教育知识，我报考了北京师范大学的心理学研究生；为了切实提高自己的素质，我自学了《资本论》《柏拉图全集》《约翰·克利斯朵夫》《小逻辑》等经典著作。有了一定的哲学基础，加上我自身的经历，从事家教帮扶工作时，我感到比较有底气。

受父亲影响，我希望那些陷入困境的中学生变好，努力让更多的中学生家庭变好，并将之看作自己未来的事业。由于我远离了功利心，帮教效果比较好。我最高兴的时候是别人向我们报喜的时候；最令我欣慰的是，一些家长做得比我们期望的还要好。我不敢说我有多么高的人生境界，但我帮助人是发自内心的。我有一个初心，那就是我不求眼前的回报，我求的是长远的回报。

实际上，把思想装进一个人的脑袋是非常困难的。我每天孜孜不倦地咨询、讲课，确实比较累，但也乐在其中。尤其是不断收获到家长和孩子的进步，我感到做的事很有价值，内心反而找到了高二时期奋进的感觉。

附：父爱信笺

亲爱的儿子：

　　老爸有一些心里话要对你说，我想用文字更能表达我的感受。下面，老爸和你谈一谈关于学习的事。

　　从小学到初中，你的学习一直处在中上游，爸妈自然比较满意。进入初三后，老爸的功利心越来越强，希望你考进重点高中，乃至重点大学。因此，老爸不厌其烦地提醒你学习，反复叮嘱你学习，甚至干涉你学习。

　　老爸的过分关注导致你产生了厌学情绪，导致你从潜意识里仇视学习。仔细想想，这都是老爸的功利思想帮了倒忙，有谁会喜欢别人操控自己呢？又有谁会喜欢别人强加予自己的呢？一个人天天被监督着，哪有心情学习！

　　其实，你原本对学习是比较上心的，都是老爸不厌其烦的说教，把你逼到了学习的对立面。学习是你自己的事情，由于老爸的粗暴干涉，让你认为是为老爸学的，因而放弃了学习，把大部分精力投入到网络游戏上。现在老爸非常后悔。

　　回顾以往，老爸痛心不已。记得有一次，你姐考试退步了，我又是摔东西又是绝食，给你姐施加了很大压力。你姐在内心非常难受的情况下，还要照顾我的情绪，想想我太不应该了。每次看到你不理想的学习成绩，老爸不是帮你分析原因，给予你精神支持，而是批评、责备加上教导，老爸向你们传递的信息是：我只关注学习成绩，我才不在意你们的心情呢。那时，老爸不会换位思考，只关注学习成绩，不了解高中的知识有多难。老爸忽略了一个常识：没有快乐的心态，没有平静的心境，学习很难有好的结果。

现在，老爸把学习的选择权交给你，你可以轻松上阵了；老爸不帮你倒忙了，你可以大显身手了。老爸相信，你一定会成为学习的主人，你一定会成为父母的骄傲，你一定会给学校争光！

儿子，你身上最大的优点是，你喜欢接受挑战，从不服输。从小学到高中，你在 200 米短跑中一直是第一名；在凯通学校的武术表演中，你一直是领队。这些就是最好的说明。

孩子，虽然你学习上有一定的知识欠账，但欠下的大多是基础分。以你的灵性，学习上的困难对你来说，都不在话下。我坚定地相信，你一定能把困难踩在脚下，笑到最后！

你是一个好孩子，好孩子是应该得到上天祝福的，老爸相信你一定会有一个美好的未来，这就好比相信太阳东升西落一样自然。

深爱你的爸爸

2004 年 3 月 9 日

亲爱的语凡：

老爸以半个世纪的人生阅历，非常负责地告诉你一条人生经验，那就是一个人必须要追求进步。消极颓废、自暴自弃的人，活在悲观和失望之中，幸福、成功一定与他们无缘。

追求进步，积极向上，其实是一个人的基本生活态度，应该成为一个人的自觉行为。数千年前，老祖宗就在《易经》中告诉我们：天行健，君子以自强不息；地势坤，君子以厚德载物。进一步讲，上天更喜欢积极进取、信念坚定的人；上天不会给任何人他不想要、不敢要的东西。周围人看你的态度，是由你看待自我的态度决定的。比如，你自认是一个朝气蓬勃、活力四射、信心满满的人，周围的人从你身上获得正能量的同时，也会认为你是个重要的人，对你肃然起敬。

人生只有一个方向，那就是向前。那些有作为的人，无一不是有理想、有信念、有追求的人。老爸告诉你一个能给自己带来祝福的秘密：把自己设想成优秀的人，按照优秀的人的思维方式去思维，按照优秀的人的行为方式去做事。简言之，按照优秀人的标准严格要求自己。久而久之，你一定能成为真正优秀的人。

还有一点非常重要，那就是每天读正能量的书，做有意义的事，和有思想的人交往。

下面是一篇我非常欣赏的文章，分享给你，与你共勉。

二十世纪三十年代，英国一个不出名的小镇里，有一个名叫玛格丽特的小姑娘，自小就受到严格的家庭教育。父亲经常向她灌输这样的观点：无论做什么事情都要力争一流，永远做在别人前头，而不能落后于人，"即使是坐公共汽车，你也要永远坐在前排"。

对年幼的孩子来说，父亲的要求可能太高了，但他的教育在以后的年代里被证明是非常宝贵的。正因为从小受到父亲的"残酷"教育，才培育了玛格丽特积极向上的决心和信心。在以后的学习、生活或工作中，她时时牢记父亲的教导，总是抱着一往无前的精神和必胜的信念，尽自己最大努力克服一切困难，做好每一件事，事事必争一流，以自己的行动实践着"永远坐在前排"。

玛格丽特上大学时，学校要求学五年的拉丁文课程。她凭着自己顽强的毅力和拼搏精神，硬是在一年内全部学会了。令人难以置信的是，她的考试成绩竟然还名列前茅。

其实，玛格丽特不光在学业上出类拔萃，她在体育、音乐、演讲及学校的其他活动中也都走在前列，是学生中凤毛麟角的佼佼者之一。当年她所在学校的校长评价她说："她无疑是我们建校以来最优秀的学生，她总是雄心勃勃，每件事情都做得很出色。"

正因如此，四十多年以后，英国乃至整个欧洲政坛上才出现了一颗耀眼的明星，她就是英国第一位女首相、雄踞政坛长达十一年之久、被世界政坛誉为"铁娘子"的玛格丽特·撒切尔夫人。

　　"永远都要坐前排"是一种积极的人生态度，它能激发你一往无前的勇气和争创一流的精神。在这个世界上，想坐前排的人不少，真正能坐在"前排"的却不多。许多人之所以不能坐到"前排"，就是因为他们仅仅把"坐在前排"当成了一种人生理想，而没有采取具体行动。而那些最终坐到"前排"的人之所以成功，是因为他们不但有理想，更重要的是他们把理想变成了行动。

　　　　　　　　　　　　　　　　　　深爱你的爸爸

　　　　　　　　　　　　　　　　　2004 年 4 月 10 日

第 3 章

解开中学阶段的教育密码

第一节　接纳变化中的中学生

中学生的心理变化规律

从小学升入中学，对孩子来讲是一个全新的起点。面临全新的环境，新的学校、新的老师、新的同学，孩子会感到既陌生又好奇。学习科目增加了，知识难度加大了，不能再用小学的学习方法来应对中学的课程；很显然，再用小学的教育方法来教育初中的孩子，也显得格格不入，甚至南辕北辙。

但现实中，很多父母对这个问题认识不足，以致不能适应孩子成长的需要，从而引发亲子矛盾。为人父母者，要认识到，由小学生转变为中学生，孩子对周围的环境、教学的方法、生活的节奏，都需要适应。能否适应，适应得快慢，适应程度如何，将决定孩子的生活状态和学业发展。

孩子上了中学，父母要尽快帮助孩子做好角色转变，不仅要帮助他们养成良好的学习习惯，还要养成良好的生活习惯。学习习惯很重要，生活习惯更加重要。大量案例证明，"只要你学习好，其他一切都不用管"的观念是极端错误的，甚至是荒谬的。这种观念本质上是重智轻德。

育人德为先。一个孩子有了远大的理想，有了坚定的信念，有了正确的价值观，还愁不努力学习？还愁没有优秀的成绩？反之，一个孩子对人生的意义懵懵懂懂，或者价值观扭曲，不明白人生的意义以及学习的目的，那么很难产生学习的巨大动力。

更重要的是，初中阶段的孩子陆续进入青春期，他们表面看起来对什么都不在乎，实际上有着比较明显的从众心理，也就是所谓的同侪效应。他们既想标新立异又不想脱离群体，既表现出独立个性又表现出较强的自尊心，既对家长和说教特别反感又需要家长的帮助。

中学生的这种状态，要求这个年龄段孩子的父母，必须充分了解孩子的心理变化规律，在教育行为上有所改变。具体来说，初一初二时，家长要在充分理解孩子的前提下，帮助孩子养成良好的学习习惯，掌握科学的学习方法，最大限度地提高学习效率。到了初三，新增加了化学学科，不管其他学科学得如何，化学这门新学科要尽量学好。因为化学学好了，孩子的自信心就会大大提高，对其他学科也有积极的促进作用。反之，如果新学科不认真学习，马马虎虎，掉以轻心，往往会打击自信心，认为自己不是学习那块料，进而影响学习状态。

进入初三，初中的课程已经学完了三分之二，此时父母要引导孩子，有计划地针对自己的薄弱知识点各个突破，不要把所有知识点攒到中考前夕再突击。一个孩子要想考入理想的高中，必须充分利用好初三开学前的暑假，这是自学的黄金阶段。大量实践表明，很多之前学习有困难的孩子，都是利用这个假期实现弯道超车的。比如，河北保定一个孩子通过刻苦努力学习，一个月左右提高了200多分，原来他只有300分左右的成绩，中招考试以500多分的成绩考入了保定二中。

一个人接受的最好教育是自我教育，一个人最大的学习能力是自学能力。"鸡蛋从外面打破是食物，从里面突破是生命。"优秀的父母，应该激发孩子身上美好的潜能，激发他们自我教育的意识。一个孩子一旦从内部行动起来，爆发出来的能量往往是不可估量的。而有了较强的自学能力，便会在短期内实现学习方面的质变。

高一是高中的开始，也是高中阶段的重中之重。抓住了高一，让孩子一开始就占据战略高地，至关重要。大量事实表明，高一学生的状态以及知识的掌握程度，某种意义上决定了他将来高考的成绩。

高二是一个比较特殊的年级，一方面学生已经适应了高中的生活，但真正的挑战还没有到来，所以心理比较轻松。有的家长认为，高二先放松一下，要不高三就没有放松的时间了。这是一个思维误区，如果高二放松了，往往到了高三就紧张不起来了。一些孩子到了高三，希望努力学习、奋起直追时，发现为时已晚。

对中学生父母来说，家庭教育的重心之一是让孩子明白生命的意义，给孩子心中播下理想、信念的种子，找到奋斗的目标。重中之重是培养孩子的担当意识、耐力和韧性。有了这些品质，孩子才能在众多学子中脱颖而出，才能凝聚力量朝着梦想的大学而努力，进而打好幸福人生的基础。

中学与小学的教育方式差异

家庭教育作为国民教育的三大组成部分之一，得到了高度重视。北京市青年联合会 2020 年完成的一项调查显示：在家长最关心的众多社会问题中，子女教育排在第一位。随着社会的发展，父母望子成龙、望女成凤的愿望越来越迫切。

说到家长应负的教育责任，80.3% 的受访者认为"家长要承担主要责任"。家长们虽然认同学校是教育孩子的主要场所，但也认为自己才是孩子成长的良师益友。调查结果至少说明两个问题，一是家庭教育的功能正在被广大家长所认可；二是孩子成长过程中的家庭环境、家长素质，起到不可低估的作用。教育孩子的过程，其实也是家长二次成长的过程。而家庭教育，说到底就是孩子的学业、身心健康、情感、道德、品质等方面的教育。

家庭教育是教育的重要组成部分，那么怎样才能践行好的家庭教育呢？怎样才能做一个优秀的父母呢？要让孩子成才，父母首先要了解孩子，了解孩子是科学实施家庭教育的先导。同时，知晓孩子各个年龄段心理和生理发展的特点，才能给孩子有效的帮助。

相对而言，小学阶段的孩子天真无邪、思想单纯、求知欲强，但行为方面往往缺乏自我约束力，看问题往往带有片面性。此时，父母应该引导孩子规范自己的言行，培养他们良好的生活习惯和学习习惯。同时，还要鼓励孩子积极探索周围的一切，着重培养他们的想象力和创造力，而不能禁锢孩子的思维，尽管小学的孩子有时候说话不着边际。

中学阶段的家庭教育重点在哪里？众所周知，中学阶段的孩子，大多已经进入青春期，在生理、心理方面都有了比较大的变化。此阶段的家长要不断学习，更新观念，尤其要与时俱进，读懂孩子，了解孩子在生理、心理方面的变化，了解其行为背后的本质问题。

比如，青春期的孩子逆反，是其挣脱父母束缚、渴望独立的必然选择；对异性同学感兴趣，是青春期性发育的自然结果；沉迷手机，是其在现实中缺乏精神寄托、到虚拟世界追求所谓价值的结果。孩子这些行为，实际上是在发出一个个鲜明的信号，那是呼唤父母尽快成为家庭教育的内行，尽快用新的眼光、新的行动来做好教育引导。明白了孩子的"异常表现",父母就不会惊慌失措,就会成竹在胸,胜券在握。

假如孩子还像小学那样,听从父母的话,按父母的安排做事,反而证明孩子还不成熟,缺乏主见,那才是真正令人担忧之处。孩子到了中学阶段,家长要在理解、接纳孩子,创造和谐亲子关系的同时,帮助其打好人生底色,培养正确的"三观"。成功的人生需要正确的"三观"来支撑,即一个孩子是否有远大的理想,将来能否为社会作出贡献,能否支持到周围的人,能否充分体现自己的人生价值。

马克思在青年时代就有远大的理想,他十七岁写的论文《青年在选择职业时的考虑》,其中就有着崇高的信念:为人类大多数人的幸福而工作。论文有一段话是这样写的:

如果我们选择了为人类而工作的职业,那么重担就不能把我们压倒,因为这是为大家做出的牺牲;那时我们所享受到的就不是可怜的、有限的、自私的乐趣,我们的幸福将属于千百万人。我们的事业将会永远存在下去,并会持续地发挥积极作用。将来的某一天,面对我们的骨灰,高尚的人们将会洒下热泪。

孩子到了中学阶段，塑造他们的"三观"，家长朋友要抓好以下几点：

一是拓宽视野，放眼世界。教育孩子拓宽心胸，放眼世界，一个人胸中能装得下世界，他才能拥有这个世界。《甘地传》有这样一个细节，一个小孩对印度圣雄甘地说："伯伯，您的衣服那么破烂，我让妈妈给您做一件吧，我妈妈可会做衣服了。"甘地说："你妈妈能给全印度的人每人做一件吗？"小孩惊愕了。甘地之所以能成为印度"国父"，是因为他时刻想着全印度人民。让孩子成大事立大业，要帮助孩子确立这样的信念——敢与苍穹比阔的，唯有精神。有了宏阔的精神世界，孩子显然更能有一番大作为。

二是为社会创造价值。我们来到这个世界上，就是为了创造价值，创造美好，让周围的人因我而幸福，让社会因我而美好。判断一个人的价值不是看他拥有多少财富，而是看他帮助了多少人、影响了多少人。一个人总想着为社会创造价值，自然会得到大家的拥戴。我们在创造社会价值的同时，也能充分实现自己的人生价值。

三是经受历练乃人生的必修课。当今时代，父母都把孩子看得很金贵。父母、长辈对孩子溺爱、娇惯，很多孩子是在长辈的百般呵护下长大的。一个孩子以自我为中心，变得能力弱、较自私，往往是父母过度照顾造成的。现在的孩子什么都不缺，缺少的是生活的历练。可以说，历练是不可或缺的人生功课。父母要鼓励孩子自立自强，成为生活的强者，引导教育孩子建立自强不息、不畏困难的意志品质。

四是朝着一个目标坚持下去。忍耐力是成大事者必须具有的品质，是一个人坚强品格的核心体现。一个人做自己喜欢的事当然容易，往往会倾注自己的全部热情，但迫不得已去做自己不喜欢的事，往往很轻易就放弃。因此，忍耐力、坚持力对一个人非常重要。纪伯伦说："再遥远的目标，也经不起执着的坚持。"只要咬定青山不放松，只要有较强的忍耐力，只要能沉下心来认真做事，并朝着一个目标坚定地走下去，每个孩子都会有所成就。

五是让孩子成为精神上的富翁。我们不能让孩子成为物质财富的奴隶，因为过度的物质享受只能让一个人内心更加空虚。当今时代，决定一个人的前途命运以及可持续发展的，往往是精神方面的追求和思维方法上的提升。在日常生活中，我们要教育孩子照顾好自己的身体，安顿好自己的那颗心，让孩子有较高的精神追求。

六是从小给孩子心中种下正念。父母展示给孩子的应该是朝气蓬勃、热情洋溢、活力四射，每天把信心带给孩子，把幸福带给孩子，把希望带给孩子，把美好带给孩子。中学生其实有了辩证思维能力，引导孩子学会多角度看问题，再糟糕的事情也蕴含着美好的因素，坏事的另一面一定是好事。要善于把负能量转化成正能量，化作成长的动力。

附：钱学森的中学时代

2009 年 11 月 2 日，在北京师范大学附属中学，师生们早早聚集到了钱学森展览馆门外，悼念他们的杰出校友钱学森。学生们默默地将黄白菊花摆放在钱老的铜像前，附中校长刘沪说："教育是一种传承，钱老在师大附中成长的故事会留存在孩子们的心里，影响着他们未来的做人和做事。"

钱先生一生为国家和民族做出了巨大贡献，堪称当代的民族英雄；而且他走过的人生道路，无论是学术的成就还是幸福的婚姻，也都堪称典范。"十年树木，百年树人"，回望钱学森的成长历程和教育背景，非常值得教育界、学生父母和莘莘学子思考借鉴。

钱学森 1929 年毕业于北京师范大学附属中学。"不久前，钱老之子钱永刚先生代表钱老将他的师大附中毕业证书捐赠给母校，作为钱学森展馆的镇馆之宝。我校也精心制作了一个青铜雕塑——师大附中老校门，准备在钱老九十八岁生日时赠送给他。"刘沪说，没想到这时候却传来了先生逝世的噩耗。

1955 年，从美国归来刚到北京不久，钱学森就到师大附中看望老师们。回忆起中学时代的生活，他总是说："我对师大附中很有感情。在我一生中，有两个高潮，一个是在师大附中，一个是在美国读研究生的时候。六年师大附中的学习生活对我的教育很深，对我的一生、对我的知识积累和人生观起了很大作用。"

钱老为什么会有那么大的创造力，为什么能对人类的科技事业做出巨大贡献？我们可以从钱老的中学时代找到答案。

通过钱老在北师大附中读书时的故事可以看出，那时的学生没有考试追高分的压力，他们把大量的时间用来"玩"。其实他们的"玩"就是读课外书、动手实验和外出实践。

生物课上，老师常常带学生到野外采集标本、制作标本，钱先生当时就用在野外抓到的蛇制作了标本；几何课老师用桐城派古文的风格写讲义，讲课时还拉着腔调念讲义，"很带味"；虽然当时学校还很穷，但是化学实验室却对学生随时开放，钱先生在那段时间做了很多化学实验。

正是这种没有过多限制、形式多样的教育让钱先生对知识充满了兴趣，他博览群书，对探索新知充满了向往。

钱老1984年4月20日接受北京师范大学附中教师访问时说，当时附中的选修课很多，"每天中午大家吃了午饭，在教室里互相交谈感兴趣的各种科学知识，数学的、物理的、化学的，什么都有……"

老师们也是这样教育学生，著名数学教师傅仲孙先生提倡创新，在给学生的测验评分时别出心裁，如果出五道题，学生都答对了，但解法平淡，只给八十分；如果答对四道，但解法有创新，就给一百分，还要另加奖励。

"钱学森学生时代没有那么重视分数。"刘沪介绍，考试前，大家都在操场上打球，不到天黑不回家。

据钱老回忆，当时师大附中关于考试形成了这样的风气："学生临考试是不做准备的。从不因为明天要考什么而加班背诵课本。大家都重在理解不在记忆。考试结果，一般学生都是七十多分，优秀学生八十多分。"如果通过死记硬背、急功近利获得高分，同学们反倒瞧不起。

钱老甚至蔑视分数。据介绍，钱老在上海交通大学读书时，一次老师给他的卷子判了一百分，钱老后来发现卷子上有一个小错误，要求老师重新判分，最终改成了九十六分。

正是钱老对分数这种"蔑视"的态度，才能让他从分数中解放出来。刘沪说，钱老坚决反对中学是上大学的台阶，认为它只是青少年成长发展的一个阶段。

"纵观钱老的一生，德智体美无不达到顶峰。"刘沪校长说。

钱老在国家最需要的时候，冲破重重阻碍回到祖国怀抱，这种伟大的爱国情怀一直令国人感动和钦佩。"我们在附中上学，都感到一个问题压在心上，就是民族、国家的存亡问题。"钱老曾经这样回忆，在他心中，祖国最重。

钱学森是中国的科技巨人，也是世界顶尖的科学家。10 月22 日，2008 年度国家科技最高奖得主、北京大学教授徐光宪院士谈到"国人不必为没有诺贝尔奖自卑"时举例，"钱学森是十年一遇的世界伟大科学家，超过一年一遇的一般诺贝尔奖得主"。

1989 年在美国召开的国际科学技术会议上，钱学森被授予"世界级科学与工程名人"称号，1999 年他又被国际媒体选为"影响 20 世纪科技发展的 20 位世界级科技巨人"之一。这二十位巨人中第一位是爱因斯坦，之后是玻尔、居里夫人、冯·卡门等，钱学森排名第十八，是二十位巨人中唯一的亚洲人。

——（摘自 2016 年 5 月 23 日《中国青年报》）

第二节　中学阶段要做好哪些事

树立目标，找到梦想

"志不立，天下无可成之事。"一个人不知道自己往何处去，什么地方也到不了。一艘航船按照灯塔指引的航向前进，一定能到达理想的彼岸。当一个人有了坚定的人生目标，怀揣梦想，并为自己的梦想努力奋斗，他身上的潜能往往能被淋漓尽致地激发出来，他的生命也能处于最佳状态。

一个有人生目标的人，成功的概率也比较高。反之，那些浑浑噩噩、得过且过、消极颓废以及出现各种偏差的孩子，都是没有人生目标、缺乏梦想所致。哈佛大学有一个关于目标对人生影响的跟踪调查。调查对象是一群智力、学历、环境等条件差不多的年轻人，调查发现：27% 的人没有目标；60% 的人目标模糊；10% 的人有清晰但比较短期的目标；3% 的人有清晰且长期的目标。这个持续二十五年的研究结果表明：这 3% 的人，二十五年来几乎不曾更改过自己的人生目标。二十五年来他们都朝着同一方向不懈地努力，二十五年后他们几乎都成了社会各界的顶尖成功人士，其中不乏白手创业者、行业领袖、社会精英。那 10% 有清晰短期目标的人，大多生活在社会的中上层。他们的共同特点是，那些短期目标不断被达成，生活状态稳步上升，成为各行各业不可缺的专业人士。如医生、律师、工程师、高级主管，等等。而占比60%的模糊目标者，几乎都生活在社会的中下层，他们能安稳地生活与工作，但都没有什么特别突出的成绩。剩下的27%是那些二十五年来都没有目标的人群，他们几乎都生活在社会的最底层。他们常常失业，靠社会救济，并常常都在抱怨他人、社会。由此可见，人生目标对一个人多么重要。

诗人流沙河在诗歌《理想》中写道："理想是石，敲出星星之火；理想是火，点燃熄灭的灯；理想是灯，照亮夜行的路……"理想，是人生的灯塔，给人指明前进的方向。没有理想的人，就像一只无头苍蝇，就像没有翅膀的鸟儿。理想是什么？理想并不是虚无缥缈的，绝不是可有可无的，而是人生的北极星，是深藏在孩子心中的希望，是一个人持续前行的动力。苏格拉底说过："世界上最快乐的事，莫过于为理想而奋斗。"在这个世界上，没有一个一无是处的人，每个人都有优点和天赋。但只有远大的理想，才能让一个人编织自己的人生梦想。

关于梦想，我给大家讲一个故事，题目是《男孩的作家梦》。

由于从小生得呆笨，很多简单的数学题，这个男孩都答不出来，所以人们都叫他"大头"。十二岁那年的一天晚上，他做了一个梦。在梦中，有人给他颁奖，他的作品获得了诺贝尔文学奖。妈妈高兴地说："假如这真是你的梦，你就有出息了！我曾听说，当上帝把一个不可能的梦放在谁的心中时，就是真心想帮助他完成这个梦的。""妈妈，这是真的吗？"男孩眼睛里亮起了光。"当然是真的啦，难道妈妈会骗你不成？"妈妈慈爱地摸着男孩的头，柔声说道。从此他真的喜欢上了写作。

"倘若我经得起考验，上帝会来帮助我的！"他怀着这样的信念开始了他的写作生涯。三年过去了，上帝没有来；又三年过去了，上帝还是没有来。就在他期盼上帝前来帮助他的时候，希特勒的部队却先来了。作为一个犹太人，他被送进了集中营。在那里，数百万人失去了生命，而他却靠着"上帝会来帮助我"的信念忍受着种种苦难，最终活了下来。"我又可以从事我梦想的职业了！"他怀着这种心情走出了奥斯维辛集中营。

离开集中营后，他更是一门心思地练习写作。经过不懈的努力，1965 年，他终于写出了他的第一部小说《无法选择的命运》。1975 年，他又写出了他的另一部小说《退稿》。接着，他又写出了一系列作品。终于有一天，瑞典皇家文学院郑重宣布，把 2002 年的诺贝尔文学奖授予匈牙利作家凯尔泰斯·伊姆雷。他听后大吃一惊，因为这正是他的名字。当人们让这位名不见经传的作家谈一谈他获奖后的感受时，他说："没什么感受，我只知道，当你真正喜欢这件事、多大困难你都不在乎时，上帝就会抽出身来帮助你！"

做称职的父母，就要帮助孩子从小确立远大的人生目标，不断给孩子造梦。一个人有了梦想也许不能完全实现，但没有梦想，就谈不上实现梦想。有一句流行的话说得诙谐，却也有道理："梦想还是要有的，万一实现了呢？"

而今，社会的浮躁思潮很容易给孩子带来负面影响。因此，当代家庭教育给父母提出了比较高的要求，那就是在孩子的心中种下理想、梦想的种子，帮助孩子打好人生底色。当孩子有了理想、梦想之后，父母要教孩子将之转化成一个个切实可行的目标，即将长远目标分解为多个中期目标、短期目标。然后，多对孩子鼓励和赏识，给其积极的心理暗示，善于给予正向评价，让孩子不断体验到达成目标后带来的成就感，从而建立自信心。

只有这样，孩子才能一步步贴近目标，在中学阶段厚积薄发，突飞猛进，最终把理想变成现实。

做好职业规划，找到奋进动力

一个孩子进入中学阶段，无论是学习成绩、个人能力、品格修养都有了一定发展。就年龄段而言，他们距离走入社会的时间节点越来越近。所以，对一个中学生来说，生涯规划相当重要。作为中学生父母，应该在这方面给孩子什么帮助呢？优秀的父母往往会做好如下工作：

一是帮助孩子充分认识自己。这个认识自己，包括兴趣爱好、个人特长、个性特点、价值取向等。通过父母的引导和帮助，孩子知道自己是谁、要成为谁，知道自己在哪里、未来要去哪里。学生在了解社会、了解自己、了解职业的过程中，可以把自己的学习和未来的职业发展联系起来。这样目标明确，视野开阔，有助于激发学生潜能，激励其进行自我管理。

古希腊哲学家苏格拉底有一句名言："认识你自己。"一个中学生了解自己越多，对自己认识越深刻，就越能掌握人生的主动权，少走一些弯路。大量事实表明，那些有作为、取得一定成就的人，往往是深入了解自己的人，也能从容面对来自各方面的挑战。

做好生涯规划，父母要培养孩子多方面的能力，善于观察孩子，发现和了解孩子的特长。比如，孩子科学素养比较高，对科研感兴趣，可以把孩子朝科学研究、发明创造的方面引导；孩子文科比较好，可以引导他成为作家或者从事文秘方面的工作。诺贝尔医学奖获得者、美国北卡罗来纳大学教授奥利弗·史密斯在分享人生经验时，说自己"取得成功的关键，就在于坚持了自己的兴趣。只有人生目标与兴趣结合起来，才能在成功的道路上走得更远，走得更高"。

二是引导孩子多接触社会。父母要鼓励孩子学好各门功课，积极主动地参与校内外各种活动，发展兴趣爱好，培养特长。比如，在孩子上学时，就可以带他去图书馆，在阅览图书的同时，多了解一些职业相关知识，如图书馆管理员是怎么工作的？这个职业需要什么知识、素养和能力？再比如，带孩子坐动车，了解高铁服务员需要什么素养，怎样才能成为动车司机。孩子多和社会接触，既能发现自己的兴趣和优势，又能深入了解外界和社会，从而潜移默化之中把学科知识转化为职业能力。

三是清晰把握自己的定位。中学开设的课程多是基础课程，培养的是一个人的基本素养。中学生所学课程和职业规划没有直接联系，使得他们对职业规划的认识往往比较模糊，这是很多考生填报高考志愿时比较盲目的主要原因。我就发现不少考生填的志愿并不是自己喜欢的，原因是考生不了解所报专业的具体内容以及未来的职业走向。比如，希望从事市场营销的孩子填报了经济学，没有美术基础的填报了建筑学。据我了解，我国一半以上的高中毕业生，对自己填报的志愿不是十分了解；多数大学生毕业后，从事的是自己并不喜欢或者不擅长的专业。

我接触到的一个案例可以说明这个问题：小润现在上高二，初中时他的学习成绩在班上排名很靠前；高一时，知识难度增大了，他的学习成绩在班上处于中等水平；进入高二，由于迷上了网络游戏，他的学习成绩严重下降，在班上倒数。高三开学前，小润对父母说，他不想上学了，他要成为专业的游戏选手，因为上学没什么用，大学毕业找不到工作的有很多。

小润的选择让父母无法理解，更无法接受。数天后，小润父母带着孩子找我咨询。第一眼看到小润，我的印象是，这是很有灵性的一个男孩，但他眼神中却透出茫然。我告诉小润，我是一名心理咨询师，对职业规划比较擅长。简单地讲，职业规划就是找准自己的人生定位和发展方向，找到适合自己的发展目标，然后制订切实可行的方案，把职业规划落实到行动上，以达成自己的人生愿景。小润点点头。

我问他："听说你的目标是想成为一名网络游戏职业玩家？"

小润说："我玩游戏好，在这方面有一定的专长。"

我又问："你想成为专业选手，这个想法很好。但你知道做专业选手需要什么条件吗？"

小润说："不知道，但我非常羡慕那些游戏高手，又能赚钱，又很风光！"

我接着说："玩游戏玩到顶尖，才有可能被选拔。你把自己对网络游戏的爱好，当作自己的精神寄托，并作为自己的奋斗目标，这样看问题有点片面。据我了解，你玩游戏的水平离专业水平还相差甚远！即便你的水平再提高两倍三倍，也不一定能被选拔上。我认识一个孩子，玩《魔兽世界》玩到全世界前二十名，还没有入选职业选手呢！"小润眼睛直视着我，眼神里满是惊讶。

我接着说："职业规划要尊重现实，很多孩子没有正确认识自己，既浪费了自己的青春，又没有实现自己的愿望。你要喜欢计算机，可以学学编程或者动漫什么的，没必要非要离开学校玩游戏。专业玩游戏是一步险棋，沿着这条路走下去，一定是输多赢少，甚至可以说，根本不可能赢。"小润说："我没想那么多。"

看到小润有所动摇，我接着说："高中的学业确实有点难，但这正是它的价值所在。困难是生命的营养剂，人最值得尊重之处就是自我奋斗。经历一番磨炼，对一个人的成长是不可或缺的。一个人的人生总是一帆风顺，不接受任何挑战，有什么意义呢？"

小润说："我的学业欠账那么多，能补回来吗？"我鼓励小润："说实话，你要成为职业玩家面对的挑战，比完成学业不知要大多少倍。挑战完成学业胜算的可能性可以说是百分之百，而挑战成为专业游戏选手的前景其实非常渺茫。孩子，如果你能把玩游戏的精力用到学习上，我敢保证，你一定能取得不错的成绩。"小润说："我考虑考虑再决定。"

一个星期后，小润爸爸发来邮件："尊敬的贾老师，报告您一个好消息，孩子星期一上学了。您的见解深深触动了他，他知道只有打好基础，才能盖起来高楼大厦。我能感受到，这次到学校，孩子没有那么浮躁了，能沉下心学习了。贾老师，您是我们全家的贵人，真不知道怎么感谢您！"我回复道："不用谢我，你的孩子是好孩子，他是一块金子，我不过是把金子表面的灰尘擦拭了一下而已！"

处理好人际关系

人际关系是中学生必须面对的一个问题。实践证明，很多中学生的成长出现问题，如厌学、辍学、沉迷网络等，大多是不良人际关系所致。人对环境的适应，说穿了是对人际关系的适应。有了良好的人际关系，生命才能得到润泽和滋养，才能获得支持和力量，才能获得安全感和归属感。

人际关系不好的人，思维往往禁锢在狭小的自我中，看到的往往是眼前一小块地方，想到的也只有自己。一个人要想成就一番事业，心中一定要装得下众多的人。生命是需要相互支撑的，让别人先好，自己才会越来越好。一个人在给别人创造价值的同时，才能最大限度地体现自己的人生价值。

我曾在一本杂志上看过这样一个故事，很引人深思。

一个阴云密布的午后，由于瞬间的倾盆大雨，行人纷纷进入就近的店铺躲雨。一位老妇人也蹒跚地走进费城百货商店避雨。面对她略显狼狈的姿容和简朴的装束，所有的售货员都对她心不在焉，视而不见。

这时，一个年轻人诚恳地走过来对她说："夫人，我能为您做点什么吗？"老妇人莞尔一笑："不用了，我在这儿躲会儿雨，马上就走。"老妇人随即又心神不定了，不买人家的东西，却借用人家的店堂躲雨，似乎不近情理。于是，她开始在百货店里转起来，哪怕买个头发上的小饰物呢，也算给自己的躲雨找个心安理得的理由。

正当她犹豫徘徊时，那个小伙子又走过来说："夫人，您不必为难，我给您搬了一把椅子，放在门口，您坐着休息就是了。"两个小时后，雨过天晴，老妇人向那个年轻人道谢，并向他要了张名片，就颤巍巍地走出了商店。

几个月后，费城百货公司的总经理詹姆斯收到一封信，信中要求将这位年轻人派往苏格兰收取一份装潢整个城堡的订单，并让他承包她的家族所属的几个大公司下一季度办公用品的采购订单。詹姆斯惊喜不已，匆匆一算，这一封信所带来的收益，相当于他们公司两年的利润总和！

他在迅速与写信人取得联系后，方才知道，这封信出自一位老妇人之手，而这位老妇人正是美国亿万富翁"钢铁大王"卡内基的母亲。詹姆斯马上把这位叫菲利的年轻人，推荐到公司董事会上。毫无疑问，当菲利打起行装飞往苏格兰时，他已经成为这家百货公司的合伙人了。

那年，菲利二十二岁。随后的几年中，菲利以他一贯的忠实和诚恳，成为"钢铁大王"卡内基的左膀右臂，事业快速发展，成为美国钢铁行业仅次于卡内基的富可敌国的重量级人物。菲利只用了一把椅子，就轻易地与"钢铁大王"卡内基攀亲附缘、齐肩并举，从此走上了让人梦寐以求的成功之路。

建立良好的人际关系，首先要有博大胸怀，大肚能容天下难容之事。克服以自我为中心思想，消除防备心理，把周围的大多数人都当成好人，找到原因原谅别人。我们要时刻记住，我们交的是一个真实的朋友，不是一个完美的人。世界上没有完美的人，追求完美、求全责备的人永远交不到朋友。

下面的案例，足以给读者朋友们深刻警示：

上高一的蔡同学辍学已经三个月了，入学时他成绩拔尖，班主任看好他，推荐他当了化学课代表。老师们都看好他，认为他一定能给班级争光。

但慢慢地，他身上的缺点暴露出来了。蔡同学是家里的独子，爸妈不在身边，他从小在爷爷奶奶的百般溺爱下长大，养成了以自我为中心的性格。可以说，他心中只有自己，从来装不下别人。进入高一，他感到不能适应学校的生活，因为老师、同学不像爷爷奶奶那样对待他。在家里，四个大人都呵护他，到学校他要看同学的脸色，太不应该了！

蔡同学觉得同学看不起他，甚至背后议论他。由于内心常常处在压抑状态，蔡同学总是阴沉着脸，同学也很少和他说话了。他觉得自己和周围的人格格不入，孤独感让他内心的压力越来越大，导致晚上失眠，不能正常上课，最终铁了心退学。

其实，光凭转学并不能完全改变成长环境，只有拓宽自己的心胸，改善自己的人际关系，才能从根本上改变自己的成长环境，生活在自己营造的天堂中。

孩子的人际关系不融洽，与自己的个性、为人处事方式有关，也与父母的家教观念有关。而建立良好的亲子关系，父母必须率先示范，对待孩子要与时俱进，用民主、开明的方式，多采用倾听、征询、切磋、协商、共情等手段。父母应该清醒地认识到，我们和孩子在一些问题认识上不一致，是再正常不过的事情。我们和孩子的成长环境，相距二三十年，又赶上社会的巨大变化，认识怎能一致呢？实践证明，孩子得到父母的理解和尊重，才会主动向父母示好，以懂事和进步来回报父母。

让孩子和同学、老师以及周围的人关系融洽，父母首先要有"世事如棋，让一步不亏于我；心田似海，纳百川方能有为"的博大胸襟，引导孩子确立"对别人好，本质上是对自己好"的哲学思想，教育孩子"比海洋更宽阔的是天空，比天空更宽阔的是人的胸怀"。很多人一时间无法接受的事，往往随着时间的推移，都成了笑谈。

处理好人际关系是孩子成长中的重点，必须引起父母的高度重视，加以正确引导。人际关系影响一个孩子的心智发展和学习成绩，和谐的人际关系能让孩子心情愉悦舒畅，拥有较好的学业成绩，并妥善处理好各种成长问题，早日进入发展的正轨。父母对此一方面要做好示范，也要帮助孩子明白事理，在日常生活中掌握正确与人交往的方式方法。

第三节　中学生在学业上如何奋起

别小看被说了无数遍的学习习惯

在我小时候，我的奶奶给我念叨过四句古诗："从小读书不用心，不知书中有黄金。早知书内黄金贵，夜点明灯下苦心。"这首古诗虽然现在读起来有点过时了，但它蕴含的哲理还是很有意义的。

从小学到初中，我学习一直比较努力，课本知识大部分都能掌握，二十世纪六十年代虽然学校很少考试，但我还是认为做什么事都应该尽力做好，何况学习是为了自己，更应该好好学。

当今时代，有一个很残酷的现实，高中、大学、研究生录取都要经过考试，政府招聘公务员，学校招聘教师，事业单位招人，都要经过考试，可以说是逢进必考。逢进必考是硬性规定，考试不过关就会被淘汰出局。这种选拔人才的方法，不一定绝对合理，却是无法回避的现实。可见，养成好的学习习惯，适应现行考试制度，很大程度上决定着一个人的发展前途。

学习这件事，先要有正确的价值观引领，其次是要有良好的学习习惯。每个人来到世界上，都是创造价值来了，少年阶段不积累知识，不打好人生底色，不养成好习惯，将来怎能为社会创造价值呢？之于学习习惯，虽然有多个层面，但能专注专心，是其中要旨。不知道大家是否听过"闻一多醉书"的故事，其可谓专注学习的典范，值得当下的中学生学习。

　　1899 年 11 月 24 日，闻一多出生于湖北省黄冈市浠水县巴河镇的一个书香门第，他自幼就爱好古典诗词和美术。五岁那年，闻一多进入私塾接受启蒙教育，十岁时到武昌就读于两湖师范附属高等小学。1912 年，十三岁的闻一多复试以鄂籍第一名的成绩考入北京清华留美预备学校，也就是清华大学的前身，他在那里度过了十年学子生涯。

　　闻一多很喜欢读书，最喜欢读中国古代诗集、诗话、史书、笔记等。他爱读书甚至成瘾，一看就"醉"。他结婚那天，洞房里张灯结彩，热闹非凡。亲朋好友大清早就来登门贺喜，直到迎亲的花轿快到家时，大家才惊讶地发现新郎不见了。众人都惊呆了，急忙到处寻找，最后在书房里找到了他。

　　大家看到闻一多仍然穿着旧衣服，手中捧着一本书，看得津津有味，还时不时摇头晃脑地读上几句，就连大家进来了都浑然不觉。有人拍了拍闻一多的肩膀，他这才惊醒过来，看到这么多人在书房里，惊讶地问道："怎么回事？出什么事了吗？"听了闻一多的话，众人哭笑不得，催促着他去换礼服，马上就要接新娘了！闻一多这才如梦方醒，急急忙忙地去换衣服了。

有人感叹道，怪不得闻一多能成为学者，因为他经常"醉"在书中。

学习贵在专注，课堂上认真听讲即是专注的一种表现。有的人学习三心二意，上课经常走神，自然很难学好。上课认真听讲，是搞好学习的前提，不但能持续提高学习能力，也是对老师的尊重，更是对自己负责任。学习专注的人之所以学习成绩好，是因为他们跟着老师的思路走，让自己和老师保持在同一个频道。

提高学习效率，还要勤于思考。多问自己几个为什么：老师为什么要这样讲？我理解老师所讲的吗？如果知识没有完全掌握，下课要及时问老师，或者问同学。

此外，作业一定要及时完成，切忌拖延。有的学生觉得现在时间还早，玩一会儿游戏，晚一会儿再做作业不迟；地理是副科，作业不交不要紧。可以说，学习就是这样一点点懈怠，成绩就是逐渐下滑的，到最后追悔莫及。有一句话说得好："小洞不补，大洞受苦。"如果让我给中学生们提出一个忠告，我最想说的是：

"做完该做的事，才有资格去做想做的事。"如果能把这句话落实到行动中，将会受益无穷。

还有一句话非常重要："给自己留后路，等于劝自己做事不要全力以赴。"把学习搞上去，一定要有破釜沉舟的决心、不达目的誓不罢休的精神。不要总想着排在我后面还有二十多名同学呢；我的成绩排在中游，还说得过去。征服学习，要有壮士断腕的气概，不给自己留后路，这样才有可能绝处逢生。

搞好学习这件事，既要有远大的理想，又要有扎扎实实的求知态度。也就是说，既要仰望星空，又要脚踏实地。把学习活动中的小事做好，小事永远是大事的根；把握好求知的过程，不要只关注结果，有了美好的过程，自然有理想的结果。习惯成自然，有了好习惯，好成绩其实水到渠成。

充分利用好宝贵的业余时间

人的差异在于业余。只有课内学习，没有课外学习，学习就不完整。如果没有课外时间，中学生如何发展自己的兴趣、爱好、想象力和社会责任感呢？

从现实来看，课外阅读、体育运动以及看励志电影等活动，对一个中学生的成长都有很大的促进作用，能起到反哺学生全面了解自己、发展职业规划、增强学习动力、加强自我认同和自我接纳、提高学习成绩的目的。

先说课外阅读。

教育家苏霍姆林斯基说过："我坚定地相信，少年的自我教育都是从读一本好书开始的。"学者钱理群也说过："好的教育，就是一个爱读书的校长，带着一群爱读书的教师，领着一群孩子去读各种各样的书。"我是在少年时代受语文老师影响，养成阅读习惯的。那时，我拿到一本好书，读到精彩的地方，往往有一种发自内心的感慨：这个世界上，怎么有这么优美的文字，作者对人生的理解真是太深刻了。我为什么不能成为作者那样的人呢？我为什么不牢牢扼住命运的咽喉，让自己的人生熠熠生辉呢？

可以说，是书籍引发了我对人生的深入思考，是书籍让我找到了人生的北极星，是书籍给了我巨大的精神力量。如果说今生我还算做了一些事情，那都是阅读带给我的。读书不是可有可无，而是十分必要的。现如今，人们的温饱问题基本解决了，用物质来满足幸福需求的时代一去不复返了。当今时代，决定一个人前途命运的、决定一个家族可持续发展的，往往是文化建设和精神追求。难怪作家陈忠实说："好饭耐不得三顿吃，好衣架不住半月穿，好书却经得起一辈子读。"

有意思的是，贾语凡的成长也从养成阅读习惯开始，有了重要转折。他在高二以前不喜欢阅读，而是沉迷于网络游戏，学习倒数。后来，在我的影响下，他逐渐养成了阅读习惯，读了大量书籍。通过读书，他拓宽了视野，提升了境界，大学毕业后立志要让众多家长走出家教误区，把为社会做贡献作为自己的使命。

再说体育运动。

有的家长不主张孩子体育锻炼，认为学校开设的体育课足以保障孩子的身体素质。孩子学习那么忙，额外增加体育锻炼，会影响孩子的学习。殊不知，锻炼身体对孩子的脑发育作用明显，对学习有很大的促进作用，适当的体育锻炼还能让孩子精力充沛地投入学习。学校每节课间让孩子休息十分钟，使孩子得到休息和锻炼，是有科学依据的。

一个孩子如果没有健康的身体，怎能保证学习效率？一个孩子身体垮了，学习再好又有什么用？作为有远见的家长，应该明白体育锻炼不但不会影响孩子的学习，还能帮助孩子保持专注度。磨刀不误砍柴工。家长朋友要支持孩子进行体育锻炼，切记生命在于运动。

归纳起来，养成运动习惯，对孩子至少有以下几方面益处。一是体育锻炼能让一个孩子消除疲惫，提高记忆力，从而精力充沛地投入到学习中。二是提高一个孩子的团队意识，并有效地改善人际关系。三是提高一个孩子坚忍不拔的意志品质。四是促进大脑发育，改善大脑的功能，为孩子的文化学习创造良好的生理条件。

那么，怎样让孩子进行体育锻炼呢？做哪些体育运动好一些？我给家长朋友的建议是这样的：

骑自行车。离学校不太远的，可以让孩子骑自行车上下学。骑车是一项非常有益的运动，可以有效提升心肺功能和腿部力量。

步行。如果条件允许，可以让孩子步行上下学。每天走上五千步甚至上万步，对身体大有好处。健康专家提倡"三多三少"是很有道理的，即"少荤多素，少盐多醋，少车多步"。

跳绳。跳绳是可以随时随地进行的运动，不但器械简单，而且容易学会，准备一根绳子就行了。每天跳几百下，胳膊、腿都得到了锻炼，还可以有效提高身体的协调能力。

球类运动。课余时间打打羽毛球、乒乓球也很有好处。这些运动可以锻炼孩子的视力。打羽毛球，还可以有效地预防颈椎病。

再说看励志电影。

很多人喜欢看电影。能让人心灵净化、精神洗礼、人生境界得以升华的励志电影，应该是大多数人喜欢看的，也有很好的德育效果。

有的人之所以会迷茫，是因为缺乏信仰，很多时候励志电影可以帮助孩子重新认识自己。这类电影之所以受欢迎，是因为人们常常为各种问题所困惑，精神需要得到抚慰。一个未成年人阅历有限，面临的迷茫和纠结更多。励志电影在不着痕迹中向我们揭示了人性的本真，帮我们理清了内心的是是非非，给了我们前行的勇气和力量。

如《阿甘正传》。阿甘是大家眼中的白痴和弱智，他天性单纯、善良。经过不懈的努力，他成为大学里面的橄榄球明星，甚至后来成了商业大亨，有幸得到了约翰逊总统的接见。这部电影告诉我们，一个人起点低不可怕，只要具有真诚、善良、朴实、忠厚等优秀品质，就能赢得大家的尊重。只要孜孜不倦地努力，总有一天会取得成功的。

再说电影《肖申克的救赎》。这是一部深沉的影片，值得每个人反复观赏。它没有电影特技，没有感官刺激，对心灵的震撼却是持久的；它没有男女浪漫的爱情，两个男人之间的友情却一样动人；它没有惊心动魄的打斗和追杀，却能紧紧抓住观众的心。

一个人的成长是多元的，读书学习固然重要，但课外阅读、体育锻炼、看励志电影等课外活动同样重要。一个人的成长需要获取多种营养，成功失败都是财富，酸甜苦辣都有营养。一个人想要有一番作为，光学习书本知识是不够的，还要有丰富的阅历，经过间接阅读深入思考，让阅历得以升华，从而收获真正的成长。

假期里如何"弯道超车"

我接触过一个孩子，叫少康，上初二。

由于父母悉心照顾，他动手能力比较差，学习上也习惯推诿、拖延，成绩处于班级中下。了解了深层次的原因，我单刀直入对他说："孩子，看得出来你非常希望将来有一番作为，但由于父母包办代替，致使你自理能力比较弱，身上的潜质没被充分挖掘出来。"

孩子对我讲的观点并不排斥。我接着说："如果你真正希望实现自己的人生价值，那你首先要读懂困难和痛苦。所有的伟大都是从艰苦中生发的。一个人如果没有克服困难的经历，没有痛苦过、劳累过、挣扎过，甚至没有绝望过、崩溃过，就不可能体味到真正的幸福，更不可能体现生命的价值。"

孩子用怀疑的眼光看着我，他从来没有听过这样的观点。

我接着说："痛苦可能是人人排斥的事情，但痛苦也让人受益。痛苦是幸福人生不可或缺的重要元素，痛苦过后幸福更长久。痛苦本身并不可怕，可怕的是对待痛苦的态度，在这个世界上，没有吃不了的苦，只有享不了的福。"

少康的眼里多了一丝亮光，说："以前我认为痛苦是非常可怕的，现在听你这么一说，不觉得那么可怕了，我甚至觉得痛苦还有几分可爱。"

我接着说："苦辣酸甜咸是人生五味，人们习惯把苦放在第一位，可见它的重要性。人最值得尊重之处就是自我奋斗。你可以经常问问自己，自己也有两只手，我为什么要处处依赖父母呢？我为什么不去努力实现自己的人生价值呢？我为什么不过一种有尊严的生活呢？孩子，我相信你一定能行，你一点儿不比那些优等生差，你一定能成为学校的骄傲、父母的荣耀。"

回家后，少康给我打了两个电话，我明显感受到电话那头的他信心在增长，甚至有一种跃跃欲试的感觉。紧接着，少康和爸妈谈了一番话，大意是父母不要再替自己做事，"我的事让我自己做，我已经长大了，我不能处处依靠别人，我要让自己接受生活的历练，成为生活的强者。"爸妈欣喜之余，表示要支持孩子。

按照我的提议，少康这个孩子在房间里写下了和自己内心对话的内容，以不断警示自己。2018 年夏天，少康系统复习了初中课程，由于以前学习比较马虎，好多知识点不会，遇到困难，少康不免产生了放弃的心理，但想到现在苦点儿累点儿，是为了给将来积累资本，是为了实现自己的梦想，尤其想到我给他讲的故事，又充满信心坚持了下来。

最好的教育是自我教育，最大的能力是自学能力。少康扎扎实实学习了一个暑假，好多知识点都会了。开学后的期中考试，他的学习成绩排到了班级中上游，学习成绩大幅度提高，极大提升了他的自信心。进入初三，少康成绩一路看好，于2019年考入了省级示范高中。

后来，少康在发给我的微信中写道："正是我暑假的不懈努力，改变了我的命运，我非常感谢那一阶段的自己。正是我迎难而上、不畏艰辛的精神，给我的学习成绩加了分，也给我的人生加了分。假如我还像以前那样处处逃避困难，畏惧痛苦，我将一事无成，将永远是一棵弱苗，我也会更加不喜欢自己。"

现在的孩子什么都不缺，缺的是历练的机会。不是孩子不愿意接受历练，而是父母把孩子历练的机会剥夺了，以致孩子动手能力比较差，意志比较弱。有远见的父母会有意地让孩子从小经历一番风雨，这样做看似对孩子残酷，实则对孩子是真爱。

附：我辅导过的中学生感言

案例 1：困难是生命的营养剂（寿毅仁）

我叫寿毅仁，现在是哈尔滨师范大学表演系大二学生。回顾我的成长历程，既有奋斗的艰辛，又有成功的喜悦，尤其是我对困难、痛苦的认识有了一定的升华。正是困难、痛苦这些令很多人讨厌的东西，化作了我宝贵的精神财富。

高二以前，我的人生一片混沌，你要问我的理想是什么？我会说："我还没有想好呢！"或者"享受当下才是重要的，想那么远干吗"。那个阶段，我是在混日子。虽然不缺一节课，但学习效果很差，我的学习成绩一直处在班里中下游。我对自己没有信心，看未来也是一片暗淡。

我的人生转折是从父母学习家庭教育开始的。受贾老师影响，我的父母逐渐喜欢上了读书，家里不但有了书香氛围，父母也着实改变了教育理念，不再对我说教了，取而代之的是接纳、理解和信任。看到父母的改变，我开始思考自己的人生。尤其和贾容韬、贾语凡两位老师接触后，我逐渐明白了人生的意义。贾老师的一句话，让我有一种当头棒喝的感觉，"生命不是用来度过的，而是用来绽放的！"是啊！我来到世界上是为了创造价值、创造美好，我不能这样混日子了，我要以昂扬向上的姿态投入到学习中去，我要通过学习改变自己的人生，因为上天回报的都是不遗余力追求进步的人。

上坡路难走，努力了一段时间，我感到为难了。往前走，力不从心；放弃，我又不甘心。正在犹豫彷徨的时候，贾老师的引导让我有了拨云见日的感觉。他说："困难是生命的营养剂！""人的成长过程就是克服困难的过程！""困难是一个外强中干的家伙，你敢于向它挑战，它往往会对你俯首称臣；你畏惧它，它会使劲地吓唬你甚至欺负你！""苦，是世界上最好的东西；苦，是幸福人生的必要味道！""不含苦味的幸福不是真正的幸福！""所有的智慧和能量都来源于痛苦！"

以前，我把痛苦看作不招人待见的东西，现在我把痛苦当成了人生的香饽饽，因为痛苦能让我的人生得到升华，痛苦能让我的生命更加厚重。怎么让自己经历痛苦呢？高三的备考不正是千载难逢的机会吗？

高三下学期了，我的文化课还比较弱，怎么样能补上这个薄弱环节呢？我决心向文化课发起挑战。我每天早上七点钟投入学习，一直学习到晚上八九点。有一段时间，我甚至学到凌晨一两点。太累了，我就睡一觉，醒来继续回到书桌前。

说也奇怪，不怕苦了，反而不觉得苦了。我大概计算了一下，我全力拼搏了一百天左右，让我的人生上了一个大大的台阶，我的学习成绩直线上升。回想起来，"百日拼搏"确实很累，但这个累极具价值啊！回想起来，支撑我坚持下来的是我对未来的巨大希望。

2018年，我以超过录取分数线六十九分的成绩被哈尔滨师范大学录取。平心而论，备考确实很苦，但我的收获远远能抵消拼搏的苦和累啊！

案例2：我找到了自己的人生价值（张自强）

认识贾容韬老师，是我人生的一个转折。通过和贾老师的深度接触，我找到了人生的方向，扬起了自信的风帆，最终实现了自己的人生价值。

以前的我，满脑子都是优越感，缺乏忧患意识。自认为家庭条件比较好，我不用怎么奋斗就能过上不错的日子。我何必活得那么累呢？因此，我没有人生目标，只知道追求物质享受，学习不肯出力，从初中到高二，我的学习成绩一直处在中等偏下。认识贾老师后，我的一些观念被颠覆。有时候，父母看我玩手机，认为这是一个问题，贾老师却说是一个机会。很多家长都不能接受，贾老师却说互联网时代的孩子要不上网才不正常呢，上网可以拓宽视野、丰富知识，等等。贾老师看问题总是那么积极乐观，他会把事物的发展朝着好的方向期待，他认为我将来会成为一个人才，尽管老师不看好我，我对自己也信心不足。

贾老师寄给我两本书，一本是《在绝望中寻找希望》，一本是《世界上最伟大的推销员》。我读完了两本书，有种眼前一亮的感觉。这两本书写得太好了，作者对人生理解得太深刻了，把我的内心世界剖析得如此淋漓尽致。我想，我也是堂堂男儿，这样不思进取的日子是我向往的吗？通过读书，我渐渐明白了生命的意义在于积极进取，在于为社会创造价值。

从此，我的生活有了一些意义，我看到了未来的希望，学习有了动力，学习成绩也慢慢进入班级中等行列。我想让自己接受更大的挑战，经受更多的历练，让自己有更大的进步。但是，每每遇到困难时，我还是习惯绕着困难走，有时干脆放弃。虽然我并不喜欢自己的这些做法，但面临困难时往往感到力不从心。

一段时间后，我又见到了贾老师，贾老师对我的进步大加赞赏。接着，贾老师给我讲了一个发生在美国、令我终生难忘的故事：

寒冬的一天，我们坐在教室里准备上课，外面下着大雪，夹杂着狂风，窗户响个不停，像是窗外有无数个发疯的怪兽在呼啸厮打。

我们从未遇到过这样的天气，许多同学都冻得瑟瑟发抖，只听到一屋子的搓手声和跺脚声。

卡里姆老师只穿了一件单薄的外套，他似乎没有料到今天的天气竟然会如此恶劣。其实，卡里姆老师并不是一个很强壮的人，相反还有些消瘦。他注视着我们，然后说道："请同学们放下课本，这节课我们到操场上去。"

同学们都愣住了，纷纷怀疑自己是不是听错了。这么恶劣的天气，在教室里都冷得发抖，到操场上岂不更糟。卡里姆先生的表情却很严肃，根本不像是在开玩笑，同学们嘟囔着走出教室。

我们站在操场上，只听到篮球架被雪团打得啪啪作响，卷地而起的雪粒和雪团呛得人睁不开眼、张不开嘴。虽然没有人说出来，但是几乎所有人都在心里埋怨老师，埋怨他不近人情，埋怨他让我们做这种莫名其妙的事情。

卡里姆先生没有说什么，他脱下薄薄的外套，只穿了一件白衬衫，站在我们面前。他的鼻子冻得通红，可他却一动不动地站在那里。我们老老实实地站在操场上，默默地忍受着风雪。十分钟过去了，卡里姆先生平静地说："现在解散！"

回到教室后，卡里姆先生说："我知道你们许多人以为我在虐待你们，甚至还在心里骂我。实际情况又是什么呢？在教室里，我们都以为敌不过这场风雪。事实上，在外面站半个小时，你们也能顶得住；即使只穿件衬衫，你们仍然顶得住。面对困难，很多人表现出难以接受。如果我们勇敢地面对，困难不过如此。假如我们把困难再加大一些，我们还能承受。可喜的是，我们得到了真正的历练，我们的生命将会更加坚强。"

听完故事，我被深深地感动了。我真正理解了"困难是生命的营养剂"的深刻含义。我体会到，正因为高中的知识有一定的挑战性，这正是它的价值所在啊！特别容易做到的事情有什么意义呢？从此，我心无旁骛地投入到高考备考中。我把高尔基的名言贴在房间："让暴风雨来得更猛烈些吧！"正因为我敢于迎难而上，2019 年，我以河北省第八百九十六名的优异成绩，被浙江大学顺利录取。

我深深体会到，每个人来到世界上，都是带着价值和使命来的，就看你善不善于开发。能给社会创造价值的人，是把自己的命运和国家、民族的命运关联在一起的人。这样的人，往往能最大限度地创造价值，他的生命也会熠熠生辉。

案例 3：志不立，天下无可成之事（郑国涛）

我叫郑国涛，是山西太原五十三中的一名高中生。

梳理我的成长轨迹，我进入成长的快车道，是从接触贾老师开始的。以前，作为独生子女的我，养成了以自我为中心的性格，在人际关系上处处碰壁。

　　接触贾容韬老师后，他无条件地接纳我，包容我身上的一些棱角，从来不会觉得我的想法有多么幼稚，而是设身处地站在我的立场去思考和解决问题。他这样做，让我充分感受到自己的价值，激发了我的自我教育意识。

　　之前，我是不喜欢老师的。在我心目中，老师除了教导人，就是训斥人。老师每次找我谈话，我都感到不自在。后来，经过贾老师点拨，我学会了换位思考，学会了找原因去原谅别人。思维一经转换，一切海阔天空。我体会到老师也不容易，教几十个学生，一个学生一种思想动态。老师其实是爱我们的，只是表达的方式不同而已。

　　站在老师的角度，我越来越发现老师值得尊重、信任。由于我接纳了老师，听课越来越认真，老师对我更加关注，我的学习成绩也在逐渐提高。

　　在我迷茫困惑的时候，贾老师送给我两本书。读完这两本书，我有一种眼前一亮的感觉，原来人还可以这样活，这样的人生才算不虚此行。从那以后，我爱上了读书。不经意间，我的朗读水平、表达能力、交际能力、演讲能力都有了一定提高，这些都让我这样的艺术生获益很多。

　　以前，我的人生目标并不明确，虽然每天按部就班到学校，实际上是在混日子。贾老师点醒了我。为了唤醒沉睡的自我，我常常和自己对话："郑国涛啊郑国涛，难道你就甘愿沉沦下去吗？难道你不希望有一番作为吗？天上不会掉馅饼，你不积极进取能达成你的人生愿景吗？"

通过和自己对话，我发现自己适合当演员，于是把梦想定格在传媒类的大学。高三备考期间，我铆足了劲去学习。为了减少干扰，抵抗诱惑，我选择了一所封闭管理的学校。手机让老师保管，平时不带零花钱。为了切实提高学习效率，我又主动自我加压。学校晚上十点熄灯，我央求老师十一点关灯，看我态度诚恳，老师也愿意支持我。

我特别相信贾老师的一句话："所有人收获的都是他付出的！"持续努力带来了收获，我于 2019 年以山西省第二名的优异成绩被浙江传媒学院表演系录取。

第 **4** 章

别和青春期的孩子较劲

第一节　互联网带来的教育改变

互联网时代依然要坚守教育的优良传统

社会在飞速发展，速度之快令我们猝不及防。二十世纪九十年代，电脑还是一个非常稀有的东西；那时候满大街都是电脑培训，教授五笔打字、拼音打字等。

如今，电脑已经非常普及，很少能看到电脑培训、电脑打字的广告招牌。没有了电脑培训，是不是人们就不会使用电脑了呢？事实是，电脑已经成了人们工作、学习不可或缺的工具，电脑普及率越来越高，使用门槛也越来越低。人们使用电脑更熟练了，不少人还自学成了电脑高手和专家。至于智能手机，刚开始能熟练使用的人并不多，可现在就不一样了。即便是六十岁以上的老人，也大多能发微信，用 QQ 聊天，进行网上购物。

中国正处在一个被技术改变的时代，技术改变着人们的社交方式、购物习惯，也不可避免地改变着教育形态和学习方式。可以说，互联网技术从根本上改变了传统意义上教育者和受教育者的关系，为受教育者提供了无限的信息通道和资源，受教育者不再仅仅满足于书本知识。过去，学校工作主要是教学和管理；现在，更多的是面向教师的专业发展和面向学生的个性化服务。

教育，要与时俱进，前提是思想观念的更新迭代。近年来，国家层面高度重视"互联网＋教育"的发展，教育部曾组织专家深入研究"互联网＋教育"的本质和内涵。专家们达成共识："互联网＋教育"是通过互联网的技术和手段，实现对现有教育的增强和优化，以提高教育的公平、质量和效率。教育系统内部也已开始尝试"互联网＋教育"形式。

现在的中小学生是 00 后一代，是互联网的原住民，伴随着电脑、手机等科技传媒成长，他们对移动技术了如指掌，运用自如。因此，如何做好信息化时代的学习型家长，是一个重要的教育课题，补上新时代的家庭教育课，刻不容缓。为了适应孩子成长的需要，时代呼唤父母要熟悉互联网、具备互联网思维、有一定的信息素养。

处在互联网时代，父母要与时俱进，善于利用信息技术手段，引导孩子成长。但也要坚守育人规律，汲取传统教育的优势。实际上，无论在传统时代还是互联网时代，都应该坚守教育的优良传统，这有助于我们成为优秀的父母。那么，教育的优良传统包括哪些呢？

一是引导孩子思考，不要直接给答案。教育不是注满一桶水，而且点燃一把火。鼓励孩子养成自主思考的习惯，很重要。保护孩子的好奇心和求知欲，引导孩子养成良好的思考习惯，应该是优秀父母的基本功。孩子的思考能力、创新能力十分可贵，影响他未来的事业，因此从小要重点加以呵护。父母遇到自己不懂的东西，应该坦诚地向孩子承认，和孩子一起到网上搜索资料寻找答案。这样做不但不会降低父母的威信，反而会提高父母的威望，为孩子做好榜样。

二是耐心倾听，这是建立良好亲子关系、和孩子顺畅沟通的开始。沟通的成败往往决定教育的成败。爱迪生说过："教育之于心灵，犹雕刻之于大理石，需要足够的耐心与细致。"上中学之前，孩子的语言表达能力有限，不一定能表达出自己真实的想法；上中学之后，孩子可能不愿意跟家长讲心里话，这个时候需要家长放低姿态，倾听孩子的想法。这个过程拉近了父母与孩子的距离，也会让孩子喜欢、信任而听得进去父母的话。

日本作家黑柳彻子的作品《窗边的小豆豆》，书中的小林校长可以说是倾听的典范。小林校长通过耐心倾听小豆豆的倾诉，让小豆豆更加信任小林校长，很大程度上是小林校长的认真倾听造就了小豆豆。

三是无条件地尊重孩子、信任孩子。很多时候，父母认为孩子年幼无知，可以随意糊弄。其实，一个人在婴儿期已能感知周围人的情绪和对自己的态度。孩子往往是在放大镜下看父母，看得一清二楚。孩子是一块试金石，你有几分含金量，他马上就能测出来。作为互联网时代的父母，尤其要秉持平等、尊重、坦诚的教育观，真诚地对待孩子。平心而论，尊重是相互的，父母不尊重孩子，孩子怎会尊重父母？父母不信任孩子，孩子又怎么会信任父母？一句话，父母把孩子当成知心伙伴，悉心教导，孩子就可能成为我们所希望的样子。

互联网逐渐消解了教育权威

进入互联网时代，人们的生活方式、学习方式发生了翻天覆地的变化，人们从用字典、词典查生字、生词，已经过渡到广泛应用网络搜索引擎等。学生们做作业也丢掉了参考书，而是拿起了手机，他们已习惯在网上搜索解题思路、解题答案。新冠肺炎疫情期间，学校的教学方式也发生了重大变化，由传统的教师授课变成了网上的在线课堂，学生在网络上听课，通过网络提交作业。

不管你准备好没有，互联网已经闯进了我们的生活，改变了我们的学校教育和家庭教育，并由此带来了一场学习革命。家庭教育面临的挑战尤为重大，不少家长面对突如其来的变化，感到很不适应，甚至束手无策，他们的权威地位逐渐被撼动，甚至被瓦解。

背后的原因是，现在的孩子通过互联网接触的信息很多，比父母的知识面更宽，比父母看得更广。特别是中学生，他们在网络上接受了民主思想、权利意识，更希望父母用民主、开明、平等的教育方式对待他们。而不少父母还在用陈旧的、打压的方式来对待孩子，孩子怎能不逆反呢？一个人一旦有了觉醒意识，第一件事就是要挣脱束缚。

进入互联网时代，改革开放的大门打开了，孩子们的思维更开阔了，见识更多了。而父母不懂互联网，更不懂得青春期孩子所喜欢的视听内容，和孩子缺少共同语言。孩子和父母说话，往往有一种"鸡同鸭讲"的感觉。这样的家庭，父母怎能和孩子在一个频道上？孩子怎能信服父母？父母又怎能不丧失教育孩子的主动权？

二十世纪六十年代，美国流行一句话："如果你不能解决问题，你就会成为问题。"一些家长不能给互联网时代的孩子以正向帮助，往往就会成为孩子前进路上的障碍。孩子的成长不可逆，面对翻天覆地的社会发展，孩子不可能主动适应家长，家长朋友必须跟上孩子的成长。只有家长有理想、有信仰、有信念，孩子才会有精神追求。只要家长坚定正确的人生方向，有正确的价值观，孩子的人生道路就不会走偏。为了更好地教育引导孩子，父母要在自我角色上实现六大转变。

一是父母从教育者向共同学习者转变。在互联网背景下，面对新事物，父母和孩子都是平等的，都是必须持续学习的人，都需要从头开始，重新摸索。这时候，父母如果拿出学习的诚意，把自己弄懂的、弄通的知识传授给孩子，不懂的地方向孩子请教，或者和孩子一起学习，是为孩子做了很好的榜样。这个姿态和过程对孩子来说也是非常有意义的，是构建家庭学习共同体的过程。

二是亲子关系从居高临下向平等民主的转变。不得不承认，现在的孩子民主、平等意识很强，这背后很大程度上归功于互联网的平权思想。但从现代教育理念的角度思考，与孩子构建平等、融洽，相互尊重、理解的关系，是时代发展的必然。当下，再用传统的居高临下的视角来看待孩子，会背道而驰、南辕北辙，也无助于教育引导新一代孩子的成长。家长转变意识，尊重孩子，其实是契合孩子的价值观，为家庭教育创设良好氛围，从好的关系入手，构建理想的教育形态。

三是教育途径从单向教导到双向互动的转变。在现在学校的教育体系中，师生之间已经不是传统的教与学的关系，不是教师讲、学生听的单向输出与输入，而是双向启发、注重生成的关系。家庭教育也是如此，必须从孩子的发展和家庭的发展两个角度出发，使家长和孩子在互动中一起成长。从现实来看，父母之间互相聆听、学习、沟通，是很有意义也很有成效的学习方式。而且，从单向教导到双向互动，也反映了现代家庭教育观的升级。

四是教育方式从封闭到开放的转变。家长应成为学校教育的同盟军，使家庭、学校、社会携手努力，成为培养现代人才的三大支柱。家庭是孩子成长的根基，但也需要外力的协助，应改变对学校不信任、不合作的孤岛现象，与学校、社会结成共同体，开创民主、开放、和谐的家庭教育新局面。而家庭教育的开放，如有些专家所言，先是教育对象的开放，即从孩子扩展到父母，再是内容的开放，即从分数到育人的转向，然后是教育方法的开放，即注重教育的多元化、综合化，接着是教育时空的开放，即应打破围墙的时间和空间限制，最终让孩子享受优质的教育资源。

五是教育内容从小教育到大教育的转变。处在互联网时代，孩子应在教师、父母的指导下，将信息网络及技术变成自觉学习、自我发现、自主探索的工具。学习不能局限为只有进入课堂才是学习，只有教师讲的才是知识，只有考分才说明能力。学习其实无处不在，父母要有大教育观，和孩子一起，全面、正确地理解知识和学习，理解教育信息化。具有现代化学习观念的学生，也应持有一种大学习观，从传统的被动接受知识、理解知识、掌握知识，转变为主动地获取知识、处理知识、运用知识，

第 4 章 别和青春期的孩子较劲

有能力利用信息网络这个求知工具，具备较强的自我学习能力。

六是父母要从网盲向网通转变。网络是一把双刃剑，用不好会导致孩子沉迷其中，影响其一生的成长；用好了，则可以成为学习的好帮手。而让互联网助力孩子成长，父母要形成正确的网络观，即网络是一种工具，是发挥其正向还是负面作用，取决于如何用。对求知上进的人，网络是学习强有力的工具，能提供无尽的知识宝藏；对消极堕落的人，则是满足虚荣、消磨生命的深渊。父母在改变观念的同时，还要善于学习，了解网络上都有哪些优质教育资源，引导学生形成积极正确的网络观，具有较高的媒介素养。

互联网可以成为育儿帮手

我认识一位父亲，他总认为孩子上网会耽误学习，因此把网络当成洪水猛兽，粗暴地反对孩子上网。家里没有电脑，孩子星期天就到同学家上网，甚至到网吧去玩。孩子十六岁了，爸爸不肯买手机，孩子拿着妈妈的手机不肯还。爸爸反对的结果，导致孩子对网络越来越在意，对手机越来越沉迷。孩子没心思上学，学习成绩直线下降，甚至到了要辍学的地步。

万般无奈之时，这位爸爸找我咨询。我直言不讳地告诉他："现在，网络成了人们生活、学习必不可少的工具，而你还对网络采取反对态度，不吃苦头才怪呢！互联网的发展是时代潮流，逆潮流而动的人必然被淘汰。"

这位爸爸说："为了上网，孩子都不想上学了，我不管怎么能行。"我说："互联网时代，孩子渴望接触网络，这是与时俱进的需求，是应该充分肯定的。互联网是大势，你反对孩子上网起作用了吗？你不断对孩子说教，孩子听你的话吗？事实是，孩子没有一次因为你的反对而降低对网络的迷恋，孩子更没有一次因为你的说教而自我教育，孩子只会越来越逆反，越来越沉迷于网络。既然反对是给孩子帮倒忙，我们为何不改变教育方法呢？"

这位爸爸说："难道我还能支持他上网吗？这样只能让他更加迷恋网络。"我说："对孩子上网只能采取支持、疏导的方法，互联网时代的孩子，不接触网络才不正常呢！自助者，天助之。我相信你一定能成为一位优秀的父亲。"

后来，这位爸爸向孩子道歉，说："孩子，看来老爸真是落后了，老爸想明白了，网络时代的孩子，没有电脑是不正常的，不接触网络就更不正常了。从今天起，老爸不但要给你买电脑，还要支持你上网，老爸相信，网络一定会成为你学习的有力帮手。"

接下来，爸爸不但给孩子买了电脑，还跟孩子交流怎么用电脑。看到爸爸每天乐呵呵的，孩子内心放松了许多。静能生慧，孩子开始思考自己的人生。没有爸爸的反对，孩子玩游戏的频率越来越低，在网上做的大多是有意义的事情。孩子把父亲的尊重和开明化作成长的力量，把网络当成学习的工具，学动漫、学编程，且学得很认真。

一段时间后，孩子的学习成绩有了提高，而且网络编程达到了一定水平。后来，这个孩子考上了西安电子科技大学的计算机专业。

大量实践表明，你越干涉孩子上网，孩子越和你对着干，因为没有人喜欢别人强迫自己做的事。你越尊重孩子、越支持孩子上网，他越不会沉迷，反而会在网上做一些有意义的事情。网络宜疏不宜堵，我们越信任孩子，越能赢得孩子的信任，孩子越会争气。因为你积极的心理暗示，给了孩子莫大的支持。只要我们坚定地相信孩子，网络反而能成为父母教子的帮手，成为孩子进步的助推器。

第二节　父母改变，孩子改变

别再用旧方法教育中学生

初中生大多数在十二岁到十七岁，这一阶段是从童年向青年的过渡阶段，也是一个人"三观"形成的重要阶段。处在这个年龄段，孩子的生理、心理、价值观、意志品格等都在快速成长，尤其需要师长的帮助。父母要针对青春期孩子的特点，对孩子进行正确的心理疏导，帮助他们形成健康向上的心理、正确的人生观和价值观。

那么，怎样才能做好中学生家长呢？我认为，家长朋友要朝着以下几方面努力。

一是做好角色转换。中学生随着年龄增长，自尊心越来越强，如果父母还像小学生那样，对孩子横加指责和训斥，尤其当着其他人的面斥责、压制孩子，又不给孩子申辩的机会，这样做不但起不到教育的作用，还会让孩子丢了面子，尊严上受损，引起孩子强烈的排斥和对抗心理。

孩子上中学后，有了自己的思想，尽管有些想法不太成熟，但孩子认为自己长大了，很多事情有了主见，不愿意和父母商量，喜欢自己单独完成。这时，父母要自觉自愿地当好孩子的参谋，当好配角，支持孩子成长。此时，父母最需要做的事，就是角色转换，从处于控制地位的教育者转为处于辅助地位的陪伴者。

父母角色的转换，往往能促进亲子关系的改善。父母不再控制孩子，不再强迫孩子，用轻松的心态陪伴孩子成长，减少不必要的焦虑和担心，相信孩子具备自我成长的能力，相信孩子能成长为最好的自己，有助于孩子按照自己的方式成长。

二是善于和孩子共情。共情是搞好亲子关系的灵丹妙药。在和孩子的相处中，接纳孩子的情绪，认同孩子的感受，很重要。善于和孩子共情的父母，更容易取得孩子的信任，更利于解决成长过程中遇到的问题；如果父母不会和孩子共情，孩子的负面情绪得不到接纳或释放，孩子不但不信任父母，还会怀疑自己的感受，甚至会不断否定自己。

而共情除了说话语气温柔，还要注重心理和情感上的联结。比如，有的父母看到孩子情绪不高，习惯这样和孩子说话，教育效果很快能凸显出来——"孩子，妈妈理解你，这件事换了谁都不好受，妈妈也有同样的感受。""这件事做起来确实有一定难度，但妈妈相信你能迈过这道坎儿，所有人都是在克服困难的过程中长大的。""孩子，你的同学这样对待你，确实令人难以接受，但同学这样思考问题有他的理由，尽管我们不知道这些理由，但我们要找到原因去原谅同学。因为我们坚信他的动机是善良的，愿望是美好的。"这样说话，孩子能听得进去，也有助于帮助孩子走出负面情绪。

三是让孩子动手做事。做父母最忌讳的，抑或说最糟糕的，是担心孩子这也做不好那也做不好，习惯替孩子选择，包办代替。这样做等于剥夺了孩子做事的机会和动手的能力。家庭教育中，最应该提倡的是放手让孩子做事，尽管孩子有些事情可能做不好，但父母一定要相信孩子，看到他的长处，关注他的进步，看大趋势，让孩子与过去的自己比。赏识和支持之下，孩子一定会给父母以惊喜。

父母不要充当孩子的拐杖，避免让孩子产生过多的依赖性，要给孩子创造一个宽松的成长环境，让孩子自由自在地成长，尤其要培养孩子的独立意识。父母要及时表扬孩子的优点，充分肯定孩子做得对做得好的事情，用自己的人生高度和人格力量来激发孩子的美好潜质，发挥他们的自我教育意识、责任担当和进取精神，从而养成良好的生活习惯、学习习惯。

家长朋友们要牢记，人的所有能力都是通过做事培养的，做事越多，能力越强，给孩子提供更多的做事机会，才是对孩子真正的祝福。看着孩子吃苦受累，不随便越界代劳，这样做看似狠心，实为真爱。

四是帮孩子养成阅读习惯。优秀中学生父母肩负着一个重要任务，那就是引导孩子养成读书习惯。孩子读书多了，成长的大部分问题就迎刃而解了。比如，阅读能提高一个人的人生境界，拓宽一个人的人生视野；阅读能让孩子在书中不断得到人文关怀、人文滋养，从而形成正确的价值观、世界观。阅读能激发一个孩子的自我教育意识，能给孩子注入成长的力量。

回顾我的成长历程，我之所以能做一些事情，是和大量阅读、广泛阅读分不开的。贾语凡能从一个"问题孩子"进入成长的快车道，也是从养成读书习惯开始的。但需要注意的是，引导孩子养成读书习惯，不能强迫，不能急功近利，最好的方法是父母做榜样。家里有了读书氛围，对孩子是个正向熏陶；父母读书多了，内心强大了，人格魅力就会不断散发出来，对孩子的影响就会逐渐凸显出来。

五是不要直接否定孩子的要求。对孩子所谓的"无理要求"，父母要谨慎对待，不要轻易否定，不要直接说"不"，因为直接否定容易引发孩子的叛逆情绪。孩子都有这样的心理，你不让我怎样，我偏要怎样。如果家长不轻易否定孩子的想法，孩子便没有理由继续对抗，这样距离解决问题就近了一步。

六是对孩子要理解和包容。看父母是否真爱孩子，有没有人生高度，有一个评判标准，那就是孩子做了父母不能接受的事情，父母持什么态度。对孩子的"缺点"，如果父母采用批评、责备、否定的态度，只能引发孩子的不满，乃至更为激烈的对抗。如果孩子做了自己不能接受的事，父母要冷静、理性，学会包容，朝好的方向期待，这才是应该秉持的态度。请家长朋友务必牢记一句富含哲理的话：看起来不可爱，是因为缺乏爱。

如果你习惯批评他人，你就没有时间付出爱。爱是解决一切问题的根源，爱是永远不会失败的。《读者》杂志曾刊登了这样一个故事，颇发人深省。

在南非，有一个古老的村庄叫巴贝姆村，这个村庄有一个美好的传统。当有人犯了错误，村子里的人对他不是批评指责，而是历数他的优点，使劲赞美他的长处。届时，全村人将他团团围住，每个人都要说出这个人做过的好事，或者是他的优点。犯错的人一开始心里惴惴不安，心怀恐惧、内疚，最后都会被众人的赞美感动得涕泪交流。乡邻们真诚的赞美犹如一剂良药，不但洗刷掉了他的坏念头和坏行为，也让他对未来充满信心。从此，这个人会洗心革面，向善向好，再也不犯类似的错误。

改变，从全身心接纳孩子开始

孩子上小学时，因为听话、乖巧，让人比较省心，父母往往容易做到全身心接纳。孩子上中学后，自主意识增强，不那么听话了，好多事情还会和父母对着干，父母接纳孩子就没有那么容易了。

实际上，上了中学的孩子，更需要父母无条件的接纳。接纳是阳光、雨露，是支持、祝福；只有接纳，孩子才能健康成长。很多父母有一个思维误区，他们爱的是一个自己眼中完美的孩子，而不是一个真实的孩子。现实中，完美的人是不存在的，家长都不完美，却要求孩子完美，岂有此理！

现实中，孩子的表现不好，父母往往采取不接纳孩子甚至不容忍孩子的态度。其实，孩子的表现是正常的，只是没有达到父母的要求而已，如此苛责无助于培养内心强大的孩子。父母往往喜欢拿自己的孩子和别人家的孩子比。越比父母心里越会产生落差，怎么看自己的孩子都不顺眼。你只看到别人光鲜的一面，却没有看见别人的缺点，这些恰恰是你产生羡慕嫉妒恨的原因。实际上，每个人来到世界上，都有被接纳、被尊重的权利，一个孩子如果连自己的父母都不接纳他，他怎么接纳自己呢？别人怎么会接纳他呢？他怎么在社会上立足呢？怎能尽情绽放自己呢？

作为中学生的家长，要看到这一阶段孩子高自尊的现实、对高认可的需求，应该无条件地接纳孩子，他们内心里渴望得到父母的接纳和支持。有了父母的鼎力支持和全身心包容，孩子就会扬起人生的风帆，凝聚起成长的力量，勇敢地接受人生的一个个挑战，朝着理想而努力。

下面是我接触到的一个家庭案例，很能说明问题。

张先生是个复员军人，在单位又是领导，难免把对员工的粗暴管理方法带到家里。他对儿子说话如同下命令一般，常常是说一不二。儿子为了少和他见面，放了学常常径直去网吧。儿子一天吃一顿饭，零花钱大多买了装备。由于隔三差五缺课，儿子面临辍学的危机。老师向张先生反馈情况，搞得张先生内心近乎崩溃。

张先生耐着性子和儿子交流，希望儿子做出改变。没想到，儿子却说："你在家里，我就不想回家，你把脾气改了，我就能成为好学生。"张先生找我咨询，我直言不讳地说："孩子说得很对。对待有民主思想的孩子，必须用民主的方法，要真正接纳孩子，尤其是要满足孩子提出的合理要求。"经过学习，张先生下决心改变自己，认真学习家庭教育知识，并表示从内心深处尊重孩子、接纳孩子，与孩子进行心与心的交流。

认识提高后，张先生身上渐渐少了家长作风，他蹲下身子、和风细雨地和孩子交流。由于投入了情感，传递了力量，孩子逐渐感受到父亲的开明和尊重，凝聚了成长的力量，逐渐摆脱了网络的诱惑，以良好的精神状态投入到学习中。进入初三，学习成绩提高到了班上前几名，班主任重点提出表扬。

张先生无限感慨地说："改变孩子，先改变自己，真是家庭教育的灵丹妙药，我仅仅接纳了孩子，孩子就有了那么大变化。看来家庭教育并没有那么难，父母做好两点就足够了。一是父母与时俱进，二是切实接纳孩子。这样做，不但是对孩子最好的关爱，也是给自己的生命点赞。"其实，接纳孩子，就是不断给孩子传递正能量，给孩子注入免疫力。父母完全接纳孩子，是托举孩子的成长，让孩子毫无后顾之忧地前行。

需要注意的是，真正做到接纳孩子，要遵循一个重要的教育理念：那就是扶正优于驱邪。家长虽然没有商量，但心中都有一个共识，那就是千方百计纠正孩子，结果均以孩子或无声或激烈的对抗而告终。我想告诉大家一个教育的真相，即孩子的问题不是父母解决的，而是孩子自己解决的。

中医看病不像西医，讲究见招拆招，头痛医头，脚痛医脚，而是把握全局，通过培养正气、提高免疫力，从而达到祛除疾病的目的。家庭教育要学习中医治病理论，凡事多对孩子正向评价、积极的心理暗示、不断传递正能量，能逐渐培养孩子美好的品质。平心而论，接纳孩子和向孩子传递正能量，有异曲同工之妙，呈现给孩子的都是美好的东西。孩子的精神领域一旦被美好的东西填满，内心就会变得强大，健康成长、创造生命价值就是水到渠成、自然而然的事。

孩子长大了，父母依然要做榜样

德国教育家弗里德里希·福禄培尔说过："家庭而不是学校，是世界上最重要的教育机构，父母而不是老师，是最重要的启蒙教育者。"可以说，父母对孩子的影响是深入骨髓的。我常挂在嘴边的一句话是，父母是孩子的人生导师、成长教练、拉拉队长，家庭是孩子的成长环境。

当今时代，教育孩子虽然没有明确的分工，其实还是各有侧重的：学校偏重于教孩子知识，家庭偏重于教孩子做人，社会教育是孩子成长的有益补充。很多有识之士都懂得"好家庭胜过好学校"的道理，因此非常注重家庭教育的生态环境，注重自身素质的提高。毕竟孩子生在你的家里，又和你朝夕相处，你的价值观、行为习惯会对孩子产生深远的影响。为人父母者，时刻规范自己的言行，切实做好孩子的榜样，就是帮助孩子见贤思齐，反省自身。

有人也许会说，光从自身找原因是不是太溺爱孩子了，会不会把孩子惯坏？孩子的成长出现一些偏差，难道他自己就不该负一定责任吗？是的，孩子确实应对自己的成长负一定责任，但他是个未成年人，即使想负责任能负得起吗？养不教，父之过，父母是孩子的人生导师，孩子出现问题，父母首先要反思己过。以前，我总把目光投向孩子，想方设法纠正孩子的缺点，孩子难免和我对抗，因为没人喜欢别人对自己指手画脚。反过来说，父母的反思习惯、高风亮节、人格力量，会对孩子产生正向熏陶，激发他们的自我教育意识。

从我勤于教育反思、做好教育榜样开始，我的孩子逐渐感受到向上生长的力量，而有了进步的动力，我们只需要静待花开。从高二下学期开始，我的儿子贾语凡逐渐摆脱了网络游戏的吸引，一门心思投入到学习上，从倒数第一第二上升到班上前十名，并于 2005 年考入西北农林科技大学。

为什么父母的榜样作用能达到如此神奇的教育效果？也许有人以为，父母的榜样作用，在孩子小时候才管用，长大了就不好使了。其实不然，小时候孩子看到父母的好习惯，会慢慢看在眼里、记在心上，落实到行动上，这是有样学样。孩子长大后看父母，看的不再是表层的东西，而是父母的内在。相对来说，父母不计功利地爱孩子，改变自己的专制作风，不被生活中的各种困难所压垮的毅力、对未来的豁达与乐观，更能感动处于青春期的孩子，让他们实现所谓的弯道超车。

以前的我有很多缺点错误，如观念陈旧、固执己见、容易情绪化等，但在选择陪读后，我下决心要提升自我，做好孩子的榜样。我不敢说我做得有多么好，但我不敢有丝毫的懈怠，因为我从内心爱孩子，我希望他有美好的人生，最终结果让我很满意。

通过我的家教实践，我深深体会到，做孩子的榜样，受益最大的还是父母，通过内外兼修，我们不仅收获一个有理想、有追求、有人生抱负的孩子，我们的综合素养也大大提高了，成为别人眼里有思想、有智慧、有教养、有人生高度、有人格魅力的人。这不是我们追求的人生境界吗?

清朝嘉庆年间，进士姚文田写了一副对联：世间数百年旧家无非积德，天下第一件好事还是读书。这副对联告诉天下父母，要想让家族基业长青，世代辉煌，一定要做好两件事，读书和修德。这两件事的本质是为后代做好榜样。没有榜样的引领，没有良好家风的传承，更难收获家族的世代辉煌。

可以说，做好孩子的榜样是培养优秀孩子的真经，一经实践，灵验无比，屡试不爽。我非常负责任地讲，中学生处在社会转型期，又处在价值观形成的关键阶段。经济高速发展带来人心浮躁，价值观混乱，处处充满诱惑，这是不争的事实。在这样的成长环境下，孩子们非常容易受到不良思潮的影响。所以，拥有正确的价值观，让孩子有较强的定力，父母榜样的作用特别重要。做好了榜样，孩子有了追随的目标，未来成长自会少走弯路。

第三节　让孩子蜕变，父母应做好哪些具体工作

帮助孩子养成良好的学习习惯

良好的学习习惯是提高学习效率的前提条件，对中学生一生的发展会产生重要的影响。当今时代，面对社会的激烈竞争，父母尤其看重孩子的学习，几乎所有父母都希望孩子学习好。但是，要达成这个美好愿景，必须从学习习惯抓起。

怎样才能让孩子养成良好的学习习惯呢？父母应该怎样为孩子的学习助力呢？我认为，中学生父母应该做好如下几点。

一是父母自身要有学习意识。作为孩子人生中最重要的人，父母自然是对孩子影响最大的人。父母要着力打造一个书香之家，并让努力学习、追求进步成为自觉行动，孩子自然不会轻易懈怠。在充满正能量的家庭氛围中，父母举手投足间传递给孩子的都是哲理和智慧，孩子在家庭中受到的熏陶也会正向成长。家庭教育的强大功能是影响和熏染，如果父母真正希望孩子学习好，就应该在家庭中有学习的意识和持续的行动，营造一个浓郁的学习氛围。把读书学习、积极进取作为自觉行动，这样不但对孩子的学习有极大的促进作用，真正帮助到孩子，还能让自己的人生全方位受益。

二是和孩子一起制定家庭规则。父母要和孩子共同协商，制定合理的行为规则，帮助孩子养成良好的习惯。例如，孩子每天的家庭作业、作息时间、读书计划、每日或每周的活动计划、假期学习安排、家务活动安排、体育锻炼安排、玩手机电脑的时间等，父母可以和孩子协同确定，确定之后则要让孩子依照规矩行事，"少成若天性，习惯成自然"。久而久之，孩子的好习惯就顺理成章地养成了。

　　需要注意的是，父母也要欢迎孩子给自己提要求，接受孩子监督。要求孩子做到的，父母要带头做好。只有这样，孩子才会心服口服。至于家庭计划，最好要让孩子参与，并征得孩子同意，孩子认同的事才会配合执行，这样不仅会引导孩子成为家庭的一分子，也有助于他们增强责任意识。

　　三是对待孩子的"违规"，父母要温柔而坚定。玩游戏到了约定时间，孩子还不放下手机怎么办？孩子没有按时完成作业怎么办？孩子不按时吃饭怎么办？孩子早上不起床怎么办？我的经验是，如果孩子没有遵守约定规则，爸妈应该温和坚定地提醒、要求孩子，而不是气急败坏地批评、责骂。

　　例如，孩子无节制地玩手机，父母可以态度温和地告诉孩子："现在已经到了约定时间了，你要把电脑关上。"再如，孩子做作业磨蹭，妈妈可以这样说："妈妈知道作业比较多，但你必须完成,这是一个好孩子应有的担当。看得出来,你做作业的速度比以前快了不少。看到你不断进步,妈妈非常高兴。"闹钟响了两遍,儿子还不肯起来,妈妈可以这样和孩子说:"起床时间到了,你必须马上起床,因为七点半到校是你和老师的约定。你是个好孩子,妈妈相信你能遵守约定。"

没有规矩,难成方圆。让孩子感受到,既然规则制定了,就要共同遵守。爸妈在尊重孩子的前提下坚持原则,孩子自然会心服口服。一段时间后,孩子的好习惯就养成了。

四是及时赞美孩子的正确行为。当孩子表现出积极的举动,如按时起床、不打折扣地完成作业、自己洗衣服、坚持课外阅读、养成预习习惯、上课踊跃提问、善于思考问题、自律性强、信守承诺等,父母一定要予以及时鼓励、充分肯定、热情赞美,要让孩子充分感受到好行为、积极改变带来的快乐感与成就感。得到父母的鼓励,孩子就会乐意持续这种行为,进而养成良好习惯。

父母不要吝啬自己的正向评价,只有及时肯定孩子的正确行为,孩子才会持续正确的做法。有的父母坚持给孩子写"感恩贴""棒棒贴"等,把孩子的美好行为及时呈现出来,这些都是好方法。孩子做好了,又得到父母的不断强化,往往能使孩子的美好品质发扬光大。

五是善于给孩子积极的心理暗示。如果父母刻意培养孩子的某个好习惯，可以用正向确认（正向关注）的方法帮孩子养成某个好习惯。具体来说，当孩子表现出良好行为时，父母要及时表扬；孩子没有做到时，父母切记不要批评。例如，想让孩子坚持按时起床，就在他按时起床时及时表扬他："孩子，你能遵守约定按时起床，这就叫信守承诺！""太了不起了，你不用妈妈催促，就能按时休息；妈妈没有提醒，你就能完成作业，这就是自律。妈妈从你身上看到了人性的光辉。""这么难的题你都能理出解题思路，妈妈看到了你不凡的思考能力，你将来一定是个了不起的人。"……

如果你希望培养孩子的某个品质，就假设他具有这方面的品质，然后不断正向强化——"孩子，你四岁时就能把乘法口诀倒背如流，初中英语单词对你来说应该不在话下！""姑娘，在爸妈心目中你从小做事都不服输，我相信初中知识一定会被你踩在脚下！""儿子，虽然说你的知识有一定欠账，但老爸非常相信你的学习能力，你一定能在备考中斩将夺隘，笑到最后才是笑得最好的！"……

也许有人会说，孩子都上中学了，都快成大人了，应该不会对表扬感冒的，或者不吃表扬那一套。殊不知，一个人不管到什么时候，都需要表扬和乐于接受表扬。只要表扬及时、表扬到位，就会起到积极的教育作用，帮助孩子养成好习惯。

六是给孩子分享成功者的生活经验。为了激发中学生的学习动力，父母不妨时常给孩子分享一些优秀人士的案例，尤其是给孩子分享他们的好习惯。

比如，父母可以对孩子说："美国总统富兰克林像你这么大的时候，已经可以独立学习了，妈妈相信你也一定能做到。""孩子，比尔·盖茨为了实现梦想，能坚持学习很长时间，妈妈看到你也有这方面的潜质。""孩子，张继科之所以能成为世界乒乓球冠军，是因为他每天坚持刻苦训练，妈妈相信你也能养成持之以恒的好习惯。""孩子，所有的优秀人士都有坚忍不拔的毅力，也都有勤奋、好学、善于思考的好习惯，妈妈相信你也完全具备这些能力。""孩子，成功的人并不是天生就有好习惯，都是后来逐渐养成的。而养成良好的习惯，首先要有崇高的人生目标，再者要有执着的追求精神。爸爸很高兴，因为看到你身上也有这些品质。"……这些优秀人士的生活故事、习惯特点，无形中会给孩子以积极启示。如果孩子明显不喜欢听，也不必强求。

从关注学习到关注情绪状态

我发现，现实生活中很多父母只知道关注孩子的学习，而不知道关注孩子的情绪状态。实践证明，这样做往往欲速不达，很难实现预期的愿望，因为情绪是行动的原动力，稳定而积极的情绪状态使人心情愉快、精力充沛，有学习意愿，当然学习效率就高。反之，波动而消极的情绪状态，往往使人心情压抑，精力涣散，厌学或学习效率不高。

讲一个发生在我身上的故事吧。

由于我从小对数字感兴趣，对数字间的关系比较熟悉，因而我有一定的心算基础，多位数的除法我计算得也比较快。由于我对数字感兴趣，逐渐喜欢上了数学、几何这两门课程。大约1969年，我上初二。有一天，上平面几何课时，我不但把老师讲的知识点全部领会了，而且作业也做得很好。课堂上，老师热情洋溢地表扬了我，并让同学们传阅我的作业，还号召大家向我学习，弄得比较内向的我还真有点不好意思。

平时不太喜欢表扬人的老师，那一天情绪非常饱满，对我的充分肯定和热情鼓励深深感染了我。我对这位老师产生好感的同时，也更加喜欢平面几何这门课程。在暑假里，我把石头当座位，把凳子当课桌，用七天时间把课本上的所有练习题认认真真做了一遍。虽然那个年代不考试，但大量做题着实让我受益终生。通过练习，我对三角形、平行四边形、圆锥、圆柱以及勾股定理等知识，掌握得比较扎实，为我养成自学惯奠定了基础。假如那一天老师只是象征性地表扬我，没有投入感情，我想不太

第4章 别和青春期的孩子较劲

169

能激发我的学习热情，也不太可能让我形成比较强的自学能力。由此可见，带有情感温度的表扬对一个人的影响有多么大。

一个人的学习效率，很大程度受情绪影响。明确学习目的，树立人生目标，确立人生信念，凝聚学习动力一定是在一个人心情愉悦、心静如水的时候，一定是在他气定神闲、定力十足的状态之下。反之，一个人心里七上八下或者情绪低落，很少会认真学习，或者主动去做有意义的事情。

境由心造，我想告诉大家一个事实，让孩子厌学或沉溺手机游戏，只需要把他的心情破坏掉就行了，一做一个准。亲子关系是家庭教育的命脉，先搞好心情、拉近关系，再实施教育，这是一条屡试不爽的规律。父母不要只关注孩子飞得高不高，而要关注孩子想不想飞，爱不爱飞，飞得累不累。实践证明，情绪高涨时，思维活跃，学习行为会更持久；情绪低落时，思维往往懈怠，学习持续时间也短。

在家庭教育中，情比理更重要，父母应该先关注孩子的情绪，因为情绪决定学习效率。我曾听到有一个孩子对妈妈这样说："妈妈，你希望我学习成绩好，却不断帮我的倒忙，我的学习兴趣都被你扼杀了。本来我玩一会儿手机就去学习，而你却等不及。你对我抱怨加说教，把我的心情彻底破坏了。我心里烦恼，就使劲地玩游戏。由于大部分时间用在游戏上，我的学业落下来了。反正有知识欠账，补回来也比较难，我干脆一不做二不休，没夜没明地玩游戏。"了解了孩子的心理过程，我们还要这样做吗？

情绪和心态对一个人做学问很重要，《了凡四训》一书中就写了一个真实的故事。

江阴书生张畏岩上京考举人，没有考中。张畏岩回家途中，在寺庙里歇息。遇到一个同乡，两人聊起天来。同乡问："今年考得怎么样？"张畏岩说："不要提了，今年情况最糟糕了，我的文章写得那么好，竟然没有被录取，太不公平了。我就不相信，被录取的人的文章比我写得还要好？我是一匹千里马，没有遇到伯乐，我虽然满腹才学，却总是怀才不遇。现在的世道黑暗极了，朝中无人就甭想做官。"

他正在发牢骚的时候，一个修道人从他旁边经过。修道人驻足，面带微笑，看着他发牢骚。张畏岩质问修道人："你走你的路，笑什么呢？"修道人说："年轻人，我笑你呢。"

张畏岩问："我有什么可笑的？"修道人说："依我看，你的文章写得一定不好，主考官是公正的！"张畏岩面带怒容说："你一把年纪了，说话一点不负责任，你看见我的文章了？你敢说我的文章写得不好，简直不可理喻！"

修道人说："年轻人，我确实没看见你的文章，但我知道写出好文章要心静如水、气定神闲，你刚才那种状态，心浮气躁、牢骚满腹、怨气十足，我断定你写不出好文章。"读书人服理，张畏岩当即向修道人道了歉。张畏岩回家以后，戒骄戒躁，认真做学问，三年以后真的考中了。

中学生学习任务较重，需要全力以赴才能完成学习任务，让孩子的学习持续进步，更需要进一步凝神聚力。也就是说，集中精力、保持专注、努力学习，才能达到预期效果。而这一切的前提，是孩子有良好的情绪和心态。

既然情绪如此重要，怎么让孩子有一个稳定、愉悦的心理状态？我认为，父母应该做好如下几点：

一是父母要先学会积极思维，培养阳光心态，善于把坏事转化成好事。父母的状态影响孩子的状态，父母的情绪左右孩子的情绪。我们应该清醒地认识到，不良情绪给我们带不来任何好处，只能破坏亲子关系和孩子的心理健康，只能给我们带来诸多麻烦。

优秀父母的一项基本功，就是让孩子保持情绪稳定、心情舒畅。很难想象，一个人在烦恼时会积极进取、蓬勃向上。

二是父母要有自强不息的精神状态。父母热爱生活，拥抱生活，对生活充满信心，对未来充满希望，孩子也会受到熏染。上天给人的礼物莫过于对未来的向往。人受环境的影响。父母信心满满，孩子才能活在巨大的希望中。

三是父母情绪不佳时，要尽快调整，千万不要把坏情绪传给孩子。冲动是魔鬼，情绪冲动时，父母可以反问自己："我连自己的情绪都掌控不了，还有什么资格做父母啊！我口口声声说爱孩子，却如此情绪化，那怎么能行？"很多家长之所以教子失败，几乎无一例外地都败在了情绪控制上。

保持好情绪，内心平和安定，才能给孩子的成长有利的支持，帮助孩子顺利走过中学，以积极的状态投入高考，更好面对未来。

尽量给孩子优质的教育资源

作为称职的父母，要尽可能给孩子争取相对优质的教育资源。

资源是一个广泛的范畴，如教育资源、心理资源、学习资源、德育资源，等等。关于教育资源，很多家长首先想到的是给孩子选择名校。因为名校里，省市级优秀老师多，还有不少特级、高级老师。他们有丰富的教学经验，并且都在教育领域取得过一定成就，是不可多得的教育资源。名校沉淀下来的教学氛围，如学校的办学理念、教学理念和育人理念，学校的校园文化，学生的基本素质等，都差不到哪去，会对学生产生潜移默化、积极向上的影响。名校的校友资源是未来的人脉资源，也是不可多得的珍贵资源。

选择名校资源，能争取到当然好，没有条件也不要灰心丧气。上天给我们发了一副好牌，能打赢，其实显不出我们的真正水平；上天给我们发了一手不太好的牌，我们能整合资源，出好手里的牌打赢，更能显示我们的水平。我非常重视孩子的教育，自从有了孩子，我就把他们的教育放在最重要的位置。我给孩子农转非，后来又给孩子数次择校。二十世纪九十年代，我给孩子零花钱或给孩子的教育投入都是不小的数字，我并不心疼，因为我认为，为了孩子的教育，怎么投入都值得。

毫不夸张地说，在我孩子上过的几所学校中，我是最重视教育的家长之一，我是去学校次数最多的家长，也是和老师交流最多的家长。但尽管如此，孩子还是出现了一系列问题。可以说，我虽然重视教育，本质上却不懂教育。那时，我认为把孩子送到最好的学校，孩子就能成人成才。我过高地估计了学校教育的作用，忽视了家庭教育的作用。

应该承认，我的孩子经过名校的熏陶，能讲一口纯正的普通话，外语较好，坚持体育运动，短跑一直是第一名，身材匀称，仪态端庄，这些与名校的熏陶有关。但是，孩子的做人教育以及价值观的塑造，很大程度是通过家庭教育完成的。所以，真正优质的教育资源是家长对教育的用心，是家长真正懂教育，是家长随着孩子成长，不断升级教育观念和教育行为，不断提高自身教育水平。

我给大家讲一个案例。有一个孩子，在国外读初三，妈妈在异国他乡陪读。由于孩子不适应外国老师的教学方法，学习不在状态，学习成绩比较靠后。妈妈想找老师沟通一下，一是语言不通，二是外国学校老师放学后就离校，根本找不到人。这位妈妈在国外打来长途电话，向我求助。我引导她："要想支持孩子，可以考虑把孩子转回国，父母真正懂教育了，孩子在什么地方读书不要紧，父母的家庭教育软实力，是最好的教育资源。"

这位妈妈接受我的建议，带孩子回国了，在当地一所中学就读。为了尽快成长起来，这位妈妈如饥似渴地学习家庭教育知识，把自己定位在上"父母大学"。她牢记我讲的一句话："信任是孩子成人、成才的黄金宝藏。"她把孩子当作好孩子，把信任孩子变成自觉行动。得到了妈妈的尊重和支持，孩子感受到妈妈的莫大信任，心无旁骛地投入学习中，学习成绩不断提高，从中等偏下到全校排名靠前。

后来，这位妈妈动情地说："选择学校固然重要，但利用自身的资源更加重要。以前，由于我过分依赖学校，结果走了不少弯路，后来我充分依靠自己，才走向了家庭教育的康庄大道。"

和这位妈妈形成鲜明对比的是一位爸爸。张爸爸从小特别重视孩子的教育，但由于百般溺爱孩子，孩子的各种能力都比较弱。他想方设法给孩子选择最好的学校，唯独没有对自己的教育能力进行投资。从小学到初中，孩子学习都是班里倒数。

孩子该上高中了，张爸爸想，国内的教育体制可能不适合孩子，那就到国外念书吧。他把孩子送到新加坡去读书。孩子读了三年，连一张结业证书都没有拿到。孩子没有精神寄托，价值观严重扭曲，他心中羡慕富二代纸醉金迷的生活，千方百计追求物质享受，根本没有心思学习。遗憾的是，张爸爸除了给孩子大把寄钱以外，没有给孩子的精神成长任何帮助，以致孩子成长为与社会格格不入的人。

为了孩子成长，父母要努力给孩子各种优质教育资源。但要清楚何为优质教育资源？名校、名师等资源固然重要，但家长自身的条件也不可忽视。为人父母要牢记一句话：求人不如求己。给自己投资，努力提高自身教育水平，就能抓住最优质的教育资源，给孩子最有效的帮助。

"少说话，多做事"的哲学

不要认为孩子什么都不懂。其实，孩子都是心理学家。为什么要少说话、多做事？因为没有一个孩子喜欢夸夸其谈的人，孩子都喜欢少说空话、踏实做事的人。父母说过的话，能变成自觉行动；没有说出来的话，也能做得比较好。能做到这些，孩子自然而然会信服你。在孩子心中，你是一个一言九鼎的人，你是一个值得依赖的人，他便更容易听你的话，追随你，爱戴你。

下面是我自己的经历，分享给大家。

我儿子贾语凡上中学时，走了一段弯路。有一次，他在日记中写道："这个学期以来，爸爸第三次对我动粗了。就因为你是爸爸，你就可以为所欲为吗？我听人家说，父母是孩子的榜样，你就这样为孩子做榜样吗？我多么希望爸爸能理解我，和我在一个频道上，我多么希望爸爸能成为我的骄傲！"

我强烈地意识到，要培养优秀的孩子，重在做好孩子的行为表率。由于我念了真经，动了真格，儿子感受到了我实实在在的改变和提高，把我的关爱化作成长的力量，展现出令人欣喜的精神状态。有一次，他在日记中写道："爸爸说要提升自我，我做梦也想不到爸爸会有那么大进步，和以前相比，他简直判若两人。一个成年人能有如此大的改变，太不可思议了。爸爸一把年纪了，还那么不遗余力地追求进步；我一个花季少年，再不努力学习，真说不过去了！"

假如我当初只对孩子表达进步的愿望，而没有行动，相信不会对孩子产生任何影响，只会让孩子感到厌恶。心动不如行动，只有行动才能感染、影响孩子，才是给孩子真正的支持。

低调做人，不盲目夸耀，踏踏实实把事情做好了，用行为来影响孩子，才是优秀家长应有的素质。一位专家给家长布置了两个字的家庭作业，那就是"闭嘴"。要求做妈妈的回家后，闭上唠唠叨叨的嘴，闭上苦口婆心的嘴，闭上大道理一堆的嘴。这位妈妈按照专家说的去做，赢得了孩子的信任，孩子终于有了比较大的进步。

有一个孩子这样评价他的爸爸："我爸一直教育我们，做人一定要踏实勤勉。多做实事，少说空话。自从我懂事起，我没有听爸爸说过一次空话。他是一个雷厉风行的人，说到做到，办不到的事，他绝对不会说。他说要买给我们的东西，一定会兑现。受爸爸影响，我们姐弟三人都信守承诺，说到做到。在周围人的眼中，我们都是踏实做事、值得信赖的人。后来，我们姐弟三人相继学业有成，在各自领域中都取得了一定成绩，这些其实完全得益于爸爸的言传身教。"

家长的哪些行为最让孩子反感？其实，父母的反复唠叨往往最令孩子不能接受。尤其是进入青春期的中学生，对父母唠唠叨叨的说教会产生强烈的反感。唠唠叨叨不是小事，喋喋不休也非常烦人。2020年11月12日晚，发生在南京的弑母案，据媒体报道，就是由妈妈对孩子说教、辱骂引起的。反过来想，如果母亲懂得"闭嘴"的艺术，少说几句，不激起孩子强烈的反感情绪，也许就不会酿成如此悲剧。

空谈误国，实干兴邦，这句话适用于治国，也适用于治家。没有含金量的话，对孩子的成长一定无益。父母少说话，孩子一定会把父母及时的点睛之言当作有用的话，好好琢磨，付诸行动。父母多做事，自然会远离浮躁，彰显父母踏实做人的作风。这样，我们无形中给孩子做了示范，起到事半功倍、立竿见影的教育效果。

附：我辅导过的中学生家长感言

案例1：父母越开明，孩子越争气（张凤茹）

我叫张凤茹，来自河北保定。大家都说，我是个有故事的妈妈，下面我把我的故事分享给大家。

从小学到初一，孩子不但很听话，成绩也是上游。在我的眼里，孩子既懂事又上进，周围的朋友羡慕不已。但是，进入初二后，孩子好像换了个人，越来越不听话了，时不时还和我顶嘴、对抗，莫名其妙地和我闹别扭。面对孩子的逆反，我认为，一定要把孩子身上的刺拔掉，不然还不翻了天。

为此，我和孩子爸爸采取了强制的态度，批评、训斥、说教一股脑儿上。结果，孩子的对抗情绪与日俱增，上课看玄幻小说，不交作业，学习成绩直线下降。

万般无奈之下，我向贾老师求助。贾老师单刀直入地说："你面临的危机是观念落后所致。00后的孩子，都有较强的民主意识，最讨厌专制的教育方法。要想帮到孩子，你们必须与时俱进，采取民主的方式，让孩子心悦诚服。他们认同父母，才会进行自我教育，以进步和成长来回报父母。"

以前，我喋喋不休地教导孩子、训斥孩子，结果导致孩子和我严重对立。我感受到，自己以前的教育方法，对孩子的确有些简单粗暴。不是吗？孩子没有一次因为我苦口婆心的教导而追求进步；孩子更没有一次因为我的内心焦灼而努力学习。看来我必须彻底告别专制的家教方法，必须重塑自己的家教观念了。

我真正说服了自己，从内心深处接纳孩子。以前，我总认为孩子不懂事，都上初二了，还不知道努力，太令父母失望了！这么好的求学环境，一点不知道珍惜，简直不可理喻！渐渐地，我把教育孩子当成助力自我成长的事情，我把和孩子共同成长看作不可多得的人生经历。哪有没有缺点的孩子？我爱的是一个真实的孩子，当然包括他的缺点。所有优秀的孩子都是父母塑造的结果，这是家庭教育的真正意义所在。

在我的家庭教育实践中，有三件事至今让我记忆犹新。

第一件事是初三上学期，孩子回家向我发泄情绪。由于我心胸不够开阔，孩子发脾气时，我不但没有共情，反而批评了他。那一阶段，母子关系降到了冰点。我反思自我，孩子发脾气，是心里难受，内心积压不良情绪，不向妈妈发泄，向谁发泄呢？不发泄还会憋出毛病！孩子发泄情绪，是对自己现状不满意，是他内心在痛苦挣扎，是他不甘于落后，谁会有意给父母找别扭呢？内心有了定力，孩子回家后再发泄情绪，我往往能心平气和地接受，且不感到半点委屈。渐渐地，儿子的不良情绪一点点减少，家中的负能量也逐渐被驱散了。

第二件事是孩子犯错，往往是最佳教育机会。汲取贾老师的智慧，我练就了一套硬功夫。儿子犯错了，我会认真地对他说："恭喜你犯了一个错误，因为你在这个错误中汲取了有益的营养，这个错误犯得太有价值了！"有一次，我和儿子到超市买东西，儿子不小心把一个玻璃杯掉在地上摔碎了。回家后，我面带微笑对孩子说："恭喜你犯了一个错误！"看到我豁达的表情，儿子不感到愧疚了。我接着说："今天这个杯子摔得特别值得，通过这个事，儿子一定会加倍提高防范意识。如果有一天，你搬运的是贵重东西，如名贵的瓷器、贵重的古董等，一定会格外小心，保证不会出现意外，因为你从摔杯子这件事中得到了教益。"孩子听了，自责之余还夸奖了我。

第三件事是我打算系统深入学习家庭教育。孩子刚开始持反对态度。我对孩子说："妈妈学习家庭教育，是为了自我成长，妈妈学习的目的不是为了管你，而是为了不管你！"起初，孩子对我的话持怀疑态度，但看到我做得越来越好，从内心深处信任他，设身处地地理解他，给他更多的成长空间，不再过问他的学习等，慢慢地对我越来越信任了。

临近中考两个月，我能感受到孩子有些坐不住了，他内心在翻江倒海。有一次，孩子信心十足地对我说："妈妈，我不能再这样自暴自弃了！我一定要给妈妈争气。我要找回好孩子的感觉，我要对自己负责任。我要把中考当成人生的加油站，牢牢掌握自己的命运。"当一个人被崇高的人生愿景鼓舞时，爆发出来的力量往往是惊人的。孩子积聚了力量，在中考前发奋努力一个多月，成绩提高了 260 分，考进了当地的重点高中。这件事要不是我亲身经历，真的不敢相信，这在老师、同学眼里都是奇迹。

孩子之所以有如此大的进步，是我颠覆了陈旧的观念，远离了功利思想，放下了心中杂念。放下是一种人生高度，是一种人格力量，放下是对孩子信任，是给孩子祝福。天底下，没有不懂事的孩子，只有不懂教育的父母。父母越民主，孩子越懂事；父母越开明，孩子越争气。这是家庭教育的黄金法宝，也是颠扑不破的真理。

案例 2：噩梦醒来是早晨（山东泰安王艳）

我是一名小学语文教师，有一双可爱的儿女。虽然夫妻关系不太和谐，但是儿子优秀，从小聪明、可爱、自主、独立，同事、朋友对孩子赞不绝口。我享受着这份荣耀，自觉我的人生也算没有太多的遗憾。

但是，到了 2017 年，儿子"叛逆"了，早恋、打架、着奇装异服，几乎放弃了学习。由于孩子出现问题，我和丈夫的矛盾在加深。那个阶段，这个家真的快要散了。可以说，我被"推"着走上了家庭教育学习之路。学习达三年半之久，感慨良多，千言万语化为一句话，便是"感谢"。感谢贾容韬老师，感谢孩子，感谢坚持学习的自己。

回顾走过的路，我把一些至深的收获分享给大家。

一、化解危机最好的方法是不断提升自我

我是个教师，自以为懂教育。孩子小学阶段一直很优秀，学习成绩名列前茅。可是，当孩子进入中学，显出成长问题的时候，我却毫无招架之力。我读过的书、看过的文章、积累的知识竟然派不上一点用场。那时，我如同热锅上的蚂蚁，急得团团转，却束手无策。

无数个夜晚，我躺在床上翻来覆去睡不着，我内心极其恐惧、焦躁不安，不停地翻看手机，力求找到灵丹妙药能治孩子的病。功夫不负有心人，我读到了贾老师的书。读完后，我眼前一亮，有一种柳暗花明的感觉。我按书上说的做，一段时间后，孩子并没有多大改变，我陷入了深思。我哪里做得不对？为什么我改变了，孩子和爱人还是不改？凭什么只有我来改变？委屈、迷茫涌上心头，我开始动摇了。

无奈之时，我加了贾老师的微信。经过与贾老师交流，我发现，孩子出现问题都是父母的错误养育所致。我自以为是爱孩子，却带给孩子如此糟糕的成长环境。那一刻，我从怨恨孩子变成深深地内疚。我牢记贾老师的话"化解危机最好的方法是提升自我"，于是把对孩子的内疚化作自我成长的动力。

二、学习家庭教育，贵在坚持不懈

我体会到，改变自己不是一蹴而就的事情，提高自己更是一个缓慢的过程。通过一段时间的学习，我深深感到了进步，但急功近利的心态令我压力倍增。学习家庭教育，一开始爱人不支持，以为我被洗脑了，认为我病急乱投医。但我克服种种干扰，废寝忘食地学习。

坚持也许不是最难的，最难的是能顶着压力继续学习。孩子状况时好时坏，爱人的质疑让我陷入四面危机，我曾怀疑过自己，内心几乎要崩溃。我知道，只有坚持，才能让自己的境界得以升华，才能让孩子回归正确的人生轨道。

三、信任孩子，往好的方向期待孩子

学习了"爱中管教"的理念，我努力寻找孩子身上的优点。通过认真寻找，我从孩子身上还真发现了不少美好的东西。比如，孩子留长发，不穿校服，是在乎自己的形象，是自我价值感提升的渴望；孩子早恋是对精神关爱的需求，渴望被人关注，希望有人关心他；孩子抽烟喝酒也是为了寻求关注，标新立异；孩子参与打架是哥们儿义气，打抱不平，说明他对友情很看重，尽管他对友谊的理解还有些片面；孩子带同学到我家，是他乐于帮助小伙伴；孩子考试抄袭是他有进步的愿望，故而看重成绩……

由于我转换了思维，看到孩子的行为都有其内在动机，有一定的合理性，尽管他的价值观还需要进一步塑造。我看到孩子内心是上进的、向善的，有追求进步的愿望。我不止一次地对孩子说，不管老师和同学怎么看你，在妈妈眼中，你永远是个好孩子。是妈妈错误的教育方法伤害了你，妈妈会努力学习，不断提高自己。由于我情真意切，横亘在母子之间的冰山在一点点消融。

为了提升孩子的安全感，我尽量满足他的正当需求。不管孩子上不上学，我都做他喜欢吃的饭菜；孩子身体不舒服，我就帮他请假；我尽量站在孩子的角度，感受孩子的内心。我做足了家校沟通工作，请老师帮忙理解孩子、包容孩子，给他充分的心灵自由。有一次，孩子参与打群架，我和他一起承担责任，赔偿药费，分析事理。我虽然理解他帮助同学的动机是好的，但我告诉他决不能伤害任何人。后来，被打同学的父母抓住这件事不放，有过分之举，我让孩子学会换位思考，孩子渐渐有了正确的认知。

孩子的心渐渐被我焐暖，脸上笑容多了，不再惹是生非了。令我想象不到的是，两年半没学习的孩子，竟然接受了我找老师补课的建议。老师被我的行为感动，信任他，鼓励他，老师说他取得的进步真了不起。孩子说："一定要让将来的自己感谢现在努力拼搏的自己。"中考前的一百天左右，儿子起早贪黑沉浸在学习中，学习成绩由年级排名八百名左右提高到一百五十名，一举考上了全县最好的高中，这是我以前不敢想象的。

孩子现在上高一，开学半年来，孩子从不迟到早退，遵守学校规定，尤其专注于学习。他向我表示，一定要一步一个脚印地度过高中生活，将来考入心仪的大学。别人认为孩子聪明，我心里明白，这些成绩的取得，缘于我对孩子的无比信任和永不言弃。

四、读懂孩子，帮孩子撑起希望的天空

学习家庭教育以前，我的生活一团糟，夫妻感情不怎么好，三天一小吵，五天一大闹。学习家庭教育后才明白，我和爱人受原生家庭影响，缺乏安全感，价值感较低，我俩将内心的恐惧、焦虑、愤怒、不满时不时投射到孩子身上。我感觉婚姻不幸福，便把所有的希望寄托在儿子身上，这样做，难免疏忽了丈夫。那时，孩子感到处处被控制、被束缚，因此表现出叛逆、惹是生非，本质上是在同父母的错误家教方式抗争。

我感觉很神奇，当我深入了解自己的时候，我慢慢也懂得了爱人，懂得了孩子。当我心态平和、充满爱意的时候，爱人、孩子逐渐和我匹配，家庭渐渐变得和谐而温暖。

案例3：信任是孩子最大的成长动力（张凤英）

我叫张凤英，家住山东寿光，我和丈夫经营一家加工企业。和天下父母一样，望子成龙是我们的期盼。我儿子现在上高二，学习成绩在班里是第一名。上次期末考试后，班主任给我打来电话："张妈妈，你是怎么培养孩子的，你的孩子品质好，学习也好，这次又考了第一名，感谢你培养了这么优秀的学生，下次开家长会，你要给大家讲讲，把教子经验传授给大家。"

如果你非要问我有什么教子心得，一句话足以概括，那就是完全得益于我对孩子的信任。高一阶段，我把儿子送到新加坡去上学。我担心儿子难以适应国外的生活，于是丢下手头工作，到新加坡去陪读。陪读七个月，效果并不理想。孩子不能适应国外的求学环境，看不惯那里的老师，原因是他觉得老师功利，只顾教课，很少顾及学生的心理感受；他更看不惯一些同学，他们大多是有钱人家的孩子，是到国外去镀金的。有些人只知道炫耀物质财富，根本没心思学习。在这样的氛围中，孩子受到负面影响，行为出现问题，如上课睡觉，和老师不断闹摩擦等。可以说，孩子学习不在状态。那时的我如同热锅上的蚂蚁。

怎么办？一个偶然的机会，我认识了贾容韬老师。贾老师说："当今时代，家庭教育尤为重要。只有父母成为教育的内行，才能给孩子真正的支持。"以前，我是个非常强势的妈妈，处处替孩子做主，事事帮孩子安排。我总认为，小孩子知道个啥，我过的桥比孩子走的路还多呢！替孩子做主还用商量吗？

　　接受贾老师的建议，我明白了凡事替孩子做主是非常糟糕的做法，这样做的本质是极端不信任孩子。孩子得不到信任，怎么会有主见呢？怎么能健康成长呢？既然信任如此重要，我为什么不在信任孩子方面下功夫呢？我破天荒地征求孩子的意见，是在新加坡继续上学，还是回到当地读书，完全由他决定。由于我的信任，孩子第一次表达了自己的意见，选择了回国读书，并在短时间内融入了新学校。

　　我体会到了让孩子做主产生的力量。让孩子做主的事，孩子才会积极行动。我开始相信，只要父母相信孩子，放手让孩子做事，孩子一定能对自己的选择承担责任，一定能对自己做主的事有所担当。以前，我总是拿自己的标准来要求孩子，孩子做什么事都不如我的意。现在，我心里很坦然，凡是孩子做的事，只要不太出格，我都能接受，基本能做到对孩子不指责、不否定、不指手画脚。我心里非常明白，人都是在做事甚至犯错的过程中成长的，不做事不犯错，怎么能成长呢？由于我不打折扣地信任孩子，孩子把很多事情当成自己的事，主人公意识大大增强。有时，我会发出这样的感叹，家庭教育太有意思了，我仅仅做对了一件事，竟然获得了如此大的回报。

有一件事让我比较闹心，现在回想起来，也可以看作是儿子对我的试探。有一天，儿子郑重其事地对我说："妈妈，我要去烫头发。"我说："那可不行。"儿子说："你不是说你信任我，我的事让我做主吗？"我说："这件事不能让你做主！"儿子说："烫个发有什么了不起，人各有志，我的发型我怎么就不能做主呢？"后来，我觉得挡也挡不住，就对孩子说："虽然妈妈不理解这件事，但妈妈尊重你的选择，相信你的审美能力，你的头发你做主，如果你想明白了，你就去烫吧！"我想，儿子希望彰显一下自己的个性也无可厚非。

紧接着，儿子到理发店烫了发。看到儿子卷曲的头发，我没有大惊小怪。接下来发生的事既让我感到意外，却也在情理之中。即将开学时，儿子到理发店拉直了头发。通过这件事，我悟出一些道理。烫发这件事，其实是孩子在试探我，你说你信任我，我的事让我做主，这次看你怎么办。我选择了让他做主，其实是建设性的举措。

通过此事，孩子觉得我说话算数，对我的信任度越来越高了。当初如果父母硬要恪守"原则"，孩子一定会全力坚持这件事，孩子没有尝试，一定不会甘心。父母让他做了，他反而觉得没意思了。他在假期"臭美"了一番，开学后又把发型改过来了。

儿子从我的信任中感受到了理解和尊重，看到了自身的价值，自信心不断增长，成长从此进入了良性循环。进入高二，儿子的学习成绩一路攀升。看到儿子学习那么累，我确实有点心疼。有几次我提醒他注意休息，学习很重要，但也别太累了，我发觉他没有一次听我的话，而是一直在坚持，确实累了才去休息。我想，这就是信任产生的力量吧！

　　我能感觉到，儿子并不满足，他在知识的海洋里尽情地汲取。我心里明白，儿子的成绩都是汗水的结晶！从儿子身上，我明白一个道理：所有人收获的都是他自己付出的。儿子的理想是一年后考进中国某所名校，我为儿子点赞的同时，也在默默为他祝福。

第 5 章

亲子合力走好中学时代

第一节　中学阶段更要经营好亲子关系

从小学到大学，家庭教育重心的转变

孩子从小到大，身心不断发展，慢慢发生变化，这就要求父母的教育重点要随着孩子的成长而有所改变。那么，从小学到大学，家庭教育的重点应该如何调整呢？

在小学阶段，家庭教育的重心是什么呢？我的答案是，习惯。在我看来，小学阶段，父母要经常和孩子聊聊学校生活，听听孩子的喜怒哀乐，了解孩子可能遇到的问题，并及时给予解决。同时，鼓励孩子多与同学交流，引导孩子感受校园生活的乐趣。

父母也要用心培养孩子良好的生活习惯。比如，用过的东西放回原处，按时作息，饭前便后要洗手，节约，自己的事情自己做，生活上尽量自立自强，等等。再比如，帮助孩子养成良好的学习习惯，按时完成作业，养成预习和复习的习惯，养成课外阅读的习惯，养成不懂就问、脑子里始终想问题的习惯；激发孩子的学习兴趣和学习动力，引导孩子感受战胜困难带来的快乐，以及坚持不懈做事带来的成就感，鼓励孩子勇敢接受各方面的挑战。

小学阶段是孩子性格养成、价值观形成的关键期，父母的精

神状态、榜样力量对孩子来说相当重要。父母的积极思维、阳光心态，进取的人生态度、昂扬向上的精神面貌，会在举手投足间给孩子心中种下正能量的种子。父母习惯积极思维，保持阳光心态，会潜移默化滋养孩子的心灵。从现实可见，从容淡定、富有智慧的父母，他们的孩子心理往往比较健康，因为孩子从父母的积极心态中感受到了人生的美好，看到了未来的希望。

到了中学阶段，父母应该做些什么？我的看法是，少说多做。这是因为，孩子进入青春期后，开始有自己的想法、主见，他们不愿再听父母的唠叨和控制，尽管他们在各方面都还不太成熟。这个阶段的孩子身体快速发育，身高与父母相当或者已经超过父母。孩子内心的成人感与日俱增，渴望享受成人的待遇，希望得到父母的尊重和认可。他们要张扬自己的个性，希望获得团体和群体的认同和接纳。但是，他们看待问题往往比较片面甚至极端，情绪易冲动，容易和父母、老师发生冲撞。

这个阶段的孩子，与父母的关系是纠结的，他们既希望得到父母的支持和帮助，又不喜欢父母对自己的掌控和束缚；他们既希望自己能够独立，又不能完全脱离父母，无论是经济上还是生活上都无法割断和父母的连接。进入高中后，他们的人生观、价值观、世界观已经基本形成，性格也趋于稳定。处在这一阶段，孩子的自我意识进一步增强，自我发展、自我实现的愿望比较强烈。作为父母，要充分认识到孩子的心理特点，帮助孩子实现自我。

但有一点不容忽视，那就是，孩子进入中学，知识量和知识难度相比小学都有了一定的增加。对中学生来说，不但要面对繁重的学业，还要面对中考和高考的挑战，他们确实要承受一定的压力。对此，父母要充分理解孩子，不能再像小学阶段那样对待孩子，而是要随着孩子的成长而成长。家长朋友要牢记一个事实，家庭教育是以亲子分离为前提的。父母要理解、尊重孩子，让孩子以他自己的方式成长，成为最好的自己。

大量实践证明，父母开明地对待孩子，因势利导，给孩子更多的成长空间，孩子更容易成为他自己，更易有大作为。

孩子进入大学后，最需要的是父母的经济和心理支持。现在的孩子，都是在父母的百般呵护下长大的，经历的磨炼相对较少。当升入大学，一个人要独立面对生活时，他们因为准备不足，往往不知所措；他们遇到挫折时，很难以积极向上的心态面对生活的挑战，所以即使上了大学，仍然需要父母给予精神支持。

孩子上大学后，与父母相处的时间会越来越少。可以说，父母对孩子的影响越来越小，慢慢由孩子的保姆转变成人生导师的角色，因此可以利用假期和孩子一起旅游，一来可以增加亲子感情，二来可以对孩子产生积极的影响。也可以利用微信或网络多与孩子交流，给孩子说一段话或发一篇文章，与孩子分享感人的事、有价值的新闻等。微信或网络交流比当面说教有用。孩子在父母身边十多年，常常听着父母喋喋不休，换一种沟通方式会觉得新鲜一些，往往更容易接受。

需要注意的是，不管在线下还是线上，父母都要温柔和气，和孩子平等交流，理解并尊重孩子的想法，避免因父母"一言堂"而引发亲子冲突。必要时，可以通过家庭会议的形式，让孩子充分发表自己的意见。毕竟温暖有爱的家，是孩子成长的力量源泉。父母应当告诉孩子，即使他的学业成绩不理想，即使他将来找不到称心的工作，即使进入社会没有多少成就感，他仍然是父母心中的宝贝，没有什么可以代替他在父母心中的地位。

时代在快速发展，孩子在不断成长，很多父母认为人到中年，不需要再追求进步。现实却是，不思进取的父母，必然在孩子面前变得没有威望，很难让孩子产生尊重感和亲近感。想亲子沟通顺畅，父母必须不断学习，这样才有共同语言，才不至于产生"鸡同鸭讲"的尴尬局面。能与时俱进、跟上孩子成长步伐的父母，才无愧于孩子的人生导师。

亲子关系影响孩子的婚姻与事业

亲子关系是两个生命的亲密联结。良好的亲子关系，是个体发展的根本力量，对孩子的人格塑造和社会适应有着重要作用。

美国心理学家克里斯汀·库珀说："人在一生形成的亲密关系中，最久远、最亲密的要数父母与子女的关系。"

父母和孩子的相处模式、交往模式，很大程度上影响到孩子的婚姻乃至事业。在多年的教育咨询中，我发现一个规律，人际关系不好、婚姻受挫、事业不顺的人，亲子关系往往不理想。亲子关系的核心是什么？是信任。信任是依赖、相信，没有距离，没有防备。可以说，亲子关系重于对孩子的知识教育，先有关系，后有教育。孩子一生中出现的诸多问题都和亲子关系有关，尤其是孩子进入中学阶段后，亲子关系将接受巨大的挑战，也将迎来更紧密的联结，即进入新的关系境界。

可以说，没有良好的亲子关系，就谈不上真正的家庭教育。

很多父母知道信任孩子的重要性，但在现实中，真正信任孩子的父母少之又少，不信任孩子的父母比比皆是。所以，尊重和信任对青春期的孩子是稀缺品，甚至是奢侈品。青春期的孩子强烈呼唤父母的信任，渴望父母真正的关爱。

孩子看起来不可爱，是因为缺乏爱。孩子犯错或者情绪不稳定时，父母需要耐心倾听，而不是武断地责备和否定。这样做，能让孩子对父母敞开心扉，能了解孩子的真实想法，进入孩子的内心，进而牢牢掌握教育主动权。

请看下面案例。

有一个女孩，父母三天两头吵架，有时还大打出手。在她的印象中，父亲是一个酒鬼，喝酒后回到家就摔东西、打老婆。在父母眼里，她就是多余的。她感到极端自卑，甚至认为自己不应该来到世界上。

女孩上中学后，她的父母离异，妈妈很不情愿地带她，将她当成出气筒，把自己对婚姻的怨恨、对她爸爸的憎恨、对生活的不如意，一股脑儿发泄到她身上。女孩初中刚毕业，就到河北一家印刷厂做了装订工。她和同事关系不好，五年内转了三家工厂。由于严重缺乏安全感，她对别人始终抱有防范心理。

再后来，她和一个民工结了婚。由于她心里只装着自己，从来不知道照顾别人，导致夫妻关系比较糟糕，因为原生家庭缺乏爱，她心中很少有阳光，总把事情往坏的方面想。两年后，她的儿子出生了，儿子没给她带来希望。她从小对儿子颐指气使，没给过儿子一个好脸色，看儿子这也不好那也不行，时常恶语相向，时而还拳脚相加。儿子十岁就极度厌学，隔三差五逃课在家。

这位女士向我倾诉："我也知道粗暴对待孩子不好，但我就是控制不住自己的情绪。看到孩子表现那个样子，我就对他失去了耐心，不由得就发了火，甚至动了手。"

这位女士人生中出现的诸多问题，能从家庭中找到根源，从亲子关系找到原因。父母习惯用暴力解决问题，孩子不自觉地沿袭了父母的教育方法。女儿心里充满愤恨，爱用暴力。她的父母也许一生也想不明白，女儿在婚姻、事业、教子等方面遭遇的挫折都是拜父母所赐。不良的亲子关系，直接影响下一代生活的方方面面，代际之间的悲剧变得无法避免。

所以，为人父母者一定要搞好亲子关系，千万不要掉以轻心。良好亲子关系的基础，除了信任，还有尊重。孩子是一个独立个体，而不是父母的附属，他的人格、思想、感受都需要得到父母的尊重与认可。在孩子专注做一件事时，不去打扰他，便是一种尊重；喊叫孩子时，声音轻柔些温婉些，也是一种尊重；孩子向你诉说某件事时，认真倾听，还是一种尊重。这些点点滴滴的尊重，带给孩子自我价值感，让孩子拥有自信。

开明的家教方式是送给孩子最宝贵的礼物，也是给孩子最好的祝福。社会学研究表明，决定一个孩子未来发展的关键因素，不是学校教育，而是家庭教育。良好的亲子关系，是教育的根，是决定孩子一生幸福的源泉，是取之不尽的爱的宝藏，是孩子安全感的来源。

中学阶段需要重建亲子信任关系

让孩子健康成长，最重要的不是教给孩子知识，而是紧紧攥住亲子信任的纽带，尤其孩子到了中学阶段，家庭教育重心应该放在和孩子重建信任关系上。

父母是不是真爱孩子，是不是真正信任孩子，父母对孩子的爱是无私的还是有附加条件的，孩子能掂量出来；父母是真正信任孩子，还是嘴上信任、内心不信任，孩子心里也非常清楚；父母是给孩子成长空间，让孩子按他自己的方式成长，还是总想操控他，孩子心里也都明明白白。在孩子面前，父母不要耍小聪明，玩心计，孩子有一双火眼金睛，能对父母的动机和行为做出准确的评判。因此，无论什么时候，父母都要真诚对待孩子，以真诚换取真诚；要绝对信任孩子，以信任赢取信任。

下面我给大家讲一个我印象深刻的关于信任的案例。

有一位妈妈，和儿子关系极不融洽。妈妈对孩子极不信任，担心孩子什么事都做不好，结果是孩子越来越沉迷网络游戏，初三辍学在家。再有七八个月就要中考，妈妈心急如焚。

这位妈妈找我咨询，我一针见血地指出：孩子出现问题，是亲子信任危机所致。缺少了父母的信任，孩子就缺少了成长的动力。你希望孩子成为好孩子，却把他当成不良孩子，消极的心理暗示，导致孩子不断否定自己。

经过我的引导，这位妈妈决心要不折不扣地相信孩子。回家后，她和孩子推心置腹地交流，她说："以前，由于妈妈自以为是，给你的成长帮倒忙。从现在起，妈妈要无条件地信任你。"

儿子将信将疑地看着妈妈，妈妈继续说："你是个好孩子，妈妈一定努力学习，不断上进，跟上你成长的脚步。"

起初孩子将信将疑，但妈妈做的几件事，彻底改变了他对妈妈的看法，对妈妈愈发信任。

第一件事。妈妈对儿子说："我明白了，这段时间你没有上学，但妈妈相信你没有一天不在思考你的人生，没有一天不在积聚成长的力量，这是另一种成长！你是一个有理想的孩子，你对未来都有打算。"没几天，儿子上学了，且状态良好，妈妈对儿子的莫大信任，给了儿子无穷的精神力量。

第二件事。有一天，妈妈郑重其事地交给儿子一把钥匙，说："儿子啊，你是家里的主人，妈妈把家里钥匙交给你，你回家后，可以直接开门进家。"妈妈的这一举措，大大提升了儿子的安全感和归属感，强化了他的主人翁意识。儿子平时比较粗心，但把钥匙保管得非常好，一把钥匙包含了妈妈对儿子的无限信任。

第三件事。妈妈对儿子说："我郑重地拜托你一件事，我把儿子拜托给你了，你不但要照顾好我儿子的身体，还要给他精神支持！"儿子从妈妈的嘱托中感受到巨大的信任，感受到拳拳母爱，一股暖流迅速流遍全身。

第四件事。接到老师的电话，知道儿子逃课了，妈妈的第一反应不是孩子不懂事，而是觉得孩子有自己的理由。妈妈给儿子发了微信："当一个初三学生特别不容易，妈妈非常理解你！最近几天晚上，妈妈常常梦见你，妈妈非常怀念我们母子共度的美好时光。我常想，上天对我太偏爱了，把这么优秀的孩子派给我当儿子，我还有什么不满足呢？"妈妈没有提起儿子逃课的事，儿子第二天就上学了。此处无声胜有声，妈妈的巨大信任激发了孩子内心深处的美好潜质，给了孩子继续前行的动力。

第五件事。临近中考，要填报志愿。老师征求儿子的意见，儿子说："我妈妈最信任我了，我做任何决定，报任何学校，妈妈都能接受。我要接受挑战，给妈妈争气，要对自己的前途负责任，我要报考普通高中，上好大学！"

2019 年中考，如妈妈所愿，儿子考上了重点高中。他有如此大的进步，与妈妈的信任关系很大。信任究竟是什么？为什么能产生如此大的力量？信任是超凡的母爱，是脱俗的品质，是和煦的春风。信任孩子，会让孩子感觉到父母懂他、理解他、尊重他。反过来，孩子会竭尽全力付出，并为父母争光。

家长朋友要谨记，不是因为孩子优秀了，父母才信任孩子，而是父母坚定地信任孩子，孩子才会越来越优秀。信任不是可有可无，是孩子健康成长不可或缺的营养素。

信任如此重要，为什么有些父母却不信任孩子呢？究其原因，无非有二：一是父母对信任的重要性认识不到位，对孩子总是有保留地信任；二是父母的信任带有功利色彩，给孩子一些信任后，立即要求孩子进步，看不见进步或者孩子进步没有达到期望效果，就心理不平衡。孩子感受不到父母真正的无条件的信任，少了诚信契约精神，很容易朝着父母希望的方向背道而驰。

　　信任如此重要，但现实中谁会信任你的孩子呢？在学校，老师会不折不扣地信任孩子吗？绝对信任孩子的老师少之又少。唯一能信任孩子、能给孩子成长助力的，只有父母。从我的教育经验看，唯有父母的信任，才是孩子勇往无前的助推器。

第二节　如何和中学生做朋友

如何帮助孩子找到自我

"爸爸，你知道我高中时为什么那么叛逆吗？"刘轩对刘墉说，"因为我觉得自己长大了，不该什么都听你们的，所以你叫我往左，我偏往右。我有自己的想法，我该找到自己在哪里！"

"你找到了吗？"刘墉问儿子。

"还在找。"然后他头一歪，很不服气地说："因为你不让我自己去找！"

"你自己要怎么找呢？"

"我要去流浪。"儿子大声说。

这是台湾作家刘墉和儿子的对话。可见，每个青春期的孩子都有叛逆、对抗的情景，都令父母头疼。孩子从出生到长大成人，可以说一直在不停地寻找自我。孩子之所以不听大人的话，多半是因为他们还没有找到自我。

刘墉说："要一个年轻人寻找自己，最好的方法就是鼓励他参与社会，关怀别人，奉献自己。"只有这样，才能充分体现自己的人生价值。我认为，作为父母要清醒地认识到，孩子在成长的路上会遇到诸多烦恼，不管你对孩子的成长有多大帮助，请一定不要忘了让孩子自我肯定，我们不能给孩子创造一个无菌环境，但可以给孩子一颗强大的内心。

孩子在寻找自我的过程中，无论哪种教育方式，其实都没有对错之分，只有适合与否。选择教育方式，一定要依据孩子的特性，而不是父母的人生经验，符合人性、适合孩子的教育方式，就是最好的教育。

我心目中理想的家庭教育，就是父母帮助孩子找到自己的生命价值，孩子从事自己喜欢的事，过自己想要的生活，实现自己的梦想。生命最可贵的不在于结果，而在于过程。可以说，最精彩的生命，在于一个人用自己的方式无怨无悔地度过一生。

家庭教育，就是帮助孩子找到他自己，成为他自己，做最好的自己。父母生命的意义和价值，就是在陪伴孩子的过程中，逐渐得到升华。一个人能否正确认识自我、建立自我意识，很大程度取决于父母对他的影响。因此，让孩子认识自我，是父母教育孩子非常重要的内容。在帮助孩子找到自我的过程中，父母应向孩子输送必要的心理营养，不断给孩子传递正能量，给孩子积极的心理暗示，对孩子予以正向评价，这些都是增加孩子信心和坚定信念的有效方式。父母要相信孩子能茁壮成长，会有美好的人生，就像相信太阳东升西落一样。

孩子的自我认识，是对自己以及周围事物的认识。消极的自我认识让孩子不断否定自己，夸大困难，低估自己能力，逃避困难等；积极的自我认识使孩子正确认识自己，充分肯定自己，扬起自信的风帆，勇敢地接受各种挑战，使潜能充分发挥，最终走向成功。

多关注孩子的朋友关系

家庭教育中，孩子交友是一个非常重要的问题。孩子有没有朋友？有什么样的朋友？孩子有异性朋友吗？孩子在朋友中扮演什么角色？交友过程中会遇到什么问题？这些问题都是父母要了解的。

一些家长认为，交朋友是孩子自己的事，孩子会无师自通，不需要父母刻意教导。这种观念是错误的，因为人是群体动物，无时无刻需要和别人打交道。孩子的交友状况，关乎他的健康成长、人际关系、前途命运。

有些家长担心孩子交到不良朋友，担心孩子被朋友欺骗，误入歧途，大可不必有这些想法。正常的同伴交往有利于提高孩子的社交能力，提高他们的情商。试想，一个孩子如果没有朋友，生活中缺少亲情和友情，心里话没有人诉说，遇到难事没人商量，他的人生会是什么状况？

尽管父母希望孩子交朋友，但绝不愿意他们交错朋友。最好的应对之策是，让孩子自己分辨哪种友谊是真友谊，哪种友谊要不得。如果发现孩子交了不好的朋友，应该把自己的观点说出来，但绝不要强求孩子停止和这样的朋友来往，让孩子在与朋友的交往中自己去感受去判断，最终自己做出决定。

在人际关系中，家长尤其要以身作则。在和周围人相处时，家长要宽容大度，主动尊重别人，把周围的人设想成好人，把利他思维当成自觉行动，确定"让别人好，自己会越来越好"的信念。那些人际关系不好的人，往往计较太多、宽容太少、心胸不够豁达，他们常为一些鸡毛蒜皮的小事而斤斤计较、互不相让或者得理不饶人。这样的处事方式，很容易把自己搞得没朋友，对孩子也会造成负面影响。

人际交往中，我时常教育儿子："吃亏是福，替别人着想就是替自己着想。"我告诉儿子，朋友一起吃饭，不妨主动买单。小气难成大器，大方才能吃四方。在我的影响下，儿子的人缘非常好，有不少真心相待的朋友。我也教育儿子："吃亏本质上是占了大便宜，得到了诸多好处。比如，收获了口碑，积累了人脉，多了合作机会，等等。"

人际关系如此重要，那么帮助孩子交好朋友，家长朋友应该做些什么呢?

一是支持孩子交朋友。要热情接待孩子带到家的朋友,给他们做好吃的、送礼物等。给孩子空间,让他们玩得开心,不要怕孩子把家里搞得脏乱。记住,你对待孩子朋友的态度,就是对待孩子的态度。如果孩子们玩得超时了,可以温柔提醒。

二是引导孩子尊重朋友。父母要告诉孩子,交朋友贵在以心换心。让别人成为自己的朋友,自己首先要成为别人的朋友。心诚则灵,尊重别人是交朋友的基础,教育孩子要宽容大度、诚实待人,让别人觉得你可信、可靠、可爱、可交,别人才愿意和你交朋友。

三是交友贵在奉献。教育孩子要乐于奉献。做人最大的忌讳是自私自利,心中只装着自己的人很难有作为。克服自私自利心理,多帮助朋友,多给朋友排忧解难,真朋友就多了起来。

有一个故事颇有趣,也发人深省。说的是两个人去见上帝。上帝说,我这里有两种选择:一种是成为手心向上的人,一种是成为手心向下的人。手心向上的人是习惯索取的人,手心向下的人是乐于奉献的人。结果,第一个人抢先要做手心向上的人,第二个人没有选择了,只能做手心向下的人。结果,第一个人成为了乞丐,第二个人成为了企业家。

如何和孩子谈事业谈未来

孩子进入中学，有了主见，他们要挣脱父母的束缚。但是，对未来，他们其实尚处于迷茫阶段，依然需要父母或师长指点迷津。

此时，父母固然要秉承少说话、多做事的原则，但也要肩负起孩子人生导师的角色，在适当的时机、适当的背景下，和孩子一起谈谈未来，规划以后。从现实来看，帮孩子做好人生规划，很有必要。当孩子有了梦想或目标，便会有更强的学习动力，会获得更大的成就感与存在感。

也许有父母会认为，自己已经给孩子规划好了未来路线，孩子只要按照既定的规划去做就行了。这种观念暂且不说能否行得通，实质是把孩子当成自己的私有财产，当成自己的附属品，当成实现自己愿望的工具。父母自己没有实现的愿望，却要求孩子替他们实现。不管怎样，这种观念都是与时代格格不入的，也往往与孩子的意愿背道而驰。

孩子是父母生养的，但不是他们命运的延续。孩子和父母是两个时代的人，是两个完全不同的人，父母可以给他们爱，却不能把想法硬塞给他们。实践证明，孩子要成为他自己，成为应当成为的那种人，比父母设计的更适合他自己，更有作为。父母能做的就是在精神上支持孩子，在生活上照顾孩子，在孩子困惑时和孩子促膝长谈，分析利弊，让孩子找到前行的方向，努力成为他最想成为的样子。父母放下控制与安排，带着美好的祝愿，孩子更容易充分发挥自主性，创造精彩的未来。

我的儿子贾语凡有了自己的事业后，有不少粉丝或追随者，但不太乐意和我一块出差或同台演讲。因为他表现得即便再优秀，别人也难免会说，你看那是贾老师的儿子，爸爸无形之中是他头上的一座大山，他在爸爸面前往往会感到压抑。他发誓以后一定要让大家直呼他的大名。因为他渴望独立，而不是依靠父亲的光环生活。成年人尚且如此，更何况中学生。

互联网时代的孩子，喜欢彰显自己的个性，对父母的说教一般都非常反感。因此，要让孩子敞开心扉和自己聊事业、聊未来，要注意以下三点：

一是不替孩子做决定。和孩子谈未来，不要把自己的想法强加给孩子，可以给孩子提建议，也可以把自己的经验与教训告诉孩子，不要替孩子做决定，让孩子自己去选择。

正确的话术可以是这样的——"妈妈觉得你在艺术方面有较高的天赋，妈妈希望你从事艺术方面的工作，但真正做决定的还是你自己，你要倾听自己内心的声音，服从自己内心的召唤，做真正喜欢的事情最容易出成绩。"

错误话术则是——"不要犹豫了，就学艺术吧，主持人专业更有前途！"

二是用第一人称和孩子说话。第一人称是父母的观点，不直接涉及孩子，孩子心里不设防，故而不会产生对抗的情绪；以第二人称和孩子说话，难免有教导、指责、要求和叮嘱的成分，孩子会感到不舒服，不自觉地产生对抗情绪。

正确的话术可以是这样的——"我感觉我的孩子逻辑思维能力比较强，完全可以在数学领域进一步发展，咱们是不是可以考虑报考复旦大学的数学系呢？"

错误的话术是这样的——"你数学那么强，你应该再加把劲，你最好报考复旦大学的数学专业，只有这样，才能对得起父母为你操的心。"

三是要分享，不要说教。父母分享自己的成长故事，孩子实际上很爱听。贾语凡面临大学专业报考和职业转型时，我给他讲了我的创业经历，把某一职业的特点和需要的技能条分缕析。但是，最终的决定权在他手里，我没有给出我的观点。我相信贾语凡能够做出自己不后悔的决定。我建议家长朋友们也如此，多讲故事，多谈自己，少谈孩子。当孩子做出选择，我们所做的，就是全力以赴地支持他。

正确话术是——"看了华罗庚的故事，我很震动。我深深体会到：一个人从小确立了人生目标，并锲而不舍地坚持下去，就一定能实现自己的人生愿景。孩子，加油！做决定前深思熟虑，做完决定就坚决执行，不要后悔。"

错误的话术是——"你看人家华罗庚，从小家庭条件那么差，还那么努力学习，最终成为数学大师。你比人家条件好多了，却天天贪玩，不思进取，想想太不应该了。"

第三节　时代呼唤优秀中学生，也呼唤奋进父母

当代中学生必备的优秀品质

当代中学生处在中华民族伟大复兴的关键阶段，社会的飞速发展、国际的激烈竞争，都给他们提出了比较高的要求。那么，当代中学生需要具备哪些素质，如何才能在激烈的竞争中立于不败之地，创造属于自己的精彩人生呢？我觉得，要在以下几点下力气：

一是拥有自信。自信是人格的核心，是走向成功的金钥匙。要相信自己能行，别人能做到的，我一定能做到。自信不是天上掉下来的，是需要逐渐培养的。了解我的人都知道，我自信心比较强，这是有根基的。因为我从小做事比较执着，每做一件事，培养一分成就感，提高一分自信心。喜欢做事、认真做事并能做好事，是提高自信心最有效、最科学的方法。

获得自信，首先要悦纳自己。不喜欢自己的人，不可能自信。作为中学生，要确立这样的信念：我来到这个世界，就是为了创造美好。如果我不行，还有能行的人吗？无论在怎样不利的情况下，都应该看到自己的长处，充满信心，勇往直前。还有一点很重要，那就是别人对你的态度，是根据你对自己的态度决定

的，信心是会传播的，负能量也会传播。你对自己没有信心，别人对你哪来的信心？你对自己信心满满，别人从你的气度中会感觉到。一个人的未来发展如何，很大程度取决于他是否自信。

二是学会负责，勇于担当。一个人最重要的品质是责任心，从小养成对自己负责任、对父母负责任、对学校负责任、对社会负责任的习惯。这些习惯是个人的立身之基，应该不断得到强化。中学生处在最美好的人生季节。青，青年也；春，春光也。中学生的春光时刻，正是"恰同学少年，风华正茂；书生意气，挥斥方遒"的黄金年华。鲁迅先生曾说过，"愿中国青年都摆脱冷气，只是向上走，不必听自暴自弃的话。能做事的做事，能发声的发声。有一份热发一份光，就令萤火一般，也可以在黑暗里发一点光，不必等候炬火。"中学生们虽然有着很重的学业任务，但也要学会负责，勇于担当，心中有初心和使命，肩上有责任和义务，胸中有祖国和人民，脚下有道路和方向。脚踏实地、稳扎稳打地实现自己的目标，不断为促进祖国繁荣富强而不懈奋斗。

贤人争罪，愚人争理，有较高人生境界的人，往往勇于承担责任，受人拥戴。中学生的担当意识还体现在学习上，只有通过刻苦学习，掌握较多的知识技能，具有较高的能力，将来才能回报社会、奉献社会。很大程度上，积极进取、努力学习就是勇于担当的具体表现。而培养责任心，培养担当意识，要从小事做起，从周围人做起。一句温暖的问候、一条温馨的短信，都是对父母养育之恩的回报。为父母做一些力所能及的事，看似微不足道，却是培养责任意识最好的实践。

好多事情都是紧密相连的，一个不知道对父母负责任的人，也不可能对社会负责任，这样的人一定会处处碰壁。

三是诚实守信。人无信则不立，诚实守信是一个人最应该遵循的道德守则。承诺的事一定要做到，否则就不要承诺，承诺不兑现等于欠债。诚信是一种高贵的品质，能让人赢得尊重；诚信是一把珍贵的钥匙，能开启人生的宝藏；诚信比金子还要贵重，比大山还要高远，比海洋还要深广。

"诚信者，天下之结也。"对企业而言，诚信是无形的资产，是赖以生存的根本，是推动企业良性发展的免费广告；对社会而言，诚信是文明的名片，是不可缺少的运行规则，是社会进步无比珍贵的精神财富；对个人而言，诚信是立身之本，是事业之基，是构筑自身成功事业的第一步；对中学生而言，诚信是成长的名片，是走向社会所要具备的基本素养。

一个诚信的社会，每个人都是受益者。家庭教育的精髓是，以品格陶冶品格。对孩子诚信重诺的行为，要及时鼓励肯定；对出错后勇于承认错误的孩子要表扬，赞扬这种敢于承认错误、不说谎话的精神，从大处着眼，从细节入手，从日常做起，循序渐进地培养孩子的诚信行为。

家庭是对青少年进行诚信教育的第一环境，父母作为青少年的首任"老师"，其言谈举止能潜移默化地影响青少年的思维方式和行为习惯。让孩子诚实守信，父母首先要一言九鼎，坦诚待人，成为别人眼中值得信赖的人。言传身教，身教最重要。父母的行动对青少年来说，既是无声的语言，也是有形的榜样。

四是坚持锻炼身体。身体是生命的本钱，没有健康的身体，再大的梦想也无法实现；再紧张的生活，也不要忽略体育锻炼。只知道学习，而不重视身体锻炼，虽然取得了良好的成绩，而把健康丢掉了，这是舍本逐末的表现。

健康的身体、蓬勃向上的精神状态，是一个中学生应有的精神风貌。作为中学生的父母，要教给孩子基本的健康理念，帮助孩子养成良好的生活习惯，最好能陪孩子一起锻炼身体。比如，闲暇时和孩子一起跑步、打乒乓球、打篮球等。也许有家长会觉得和已是中学生的孩子玩不到一起，其实和孩子一起运动，不只是玩，运动之余聊聊天，做一些推心置腹的交谈，抑或引导一下孩子的价值观，都会有难得的收获。既有助于奠定好孩子一生的健康基础，也能拉近亲子关系，让孩子拥有幸福的人生。

五是养成良好习惯。习惯是什么？习惯就是将学校书本上所学的知识忘掉后剩下的东西。作为中学生，首先要养成良好的学习习惯，包括认真听课、积极思考，边听讲边做笔记，课前预习、课后复习以及建立考试错题集的习惯等。还要有良好的公德意识，如坐电梯请女士先上、乘公交车给需要的人让座、在公共场所不大声喧哗等。

哈佛大学一位教授说，对他影响最大的是在幼儿园时养成的好习惯，用过的东西放回原处。这位教授说他一生中读过的书，用过的参考资料都能在原来的位置找到，在研究过程中节省了大量的时间。

六是有良好的人际关系。人是群体动物，人际关系对一个人尤为重要。生命是需要相互支撑的，一个人心中能装得下多少人，他的身边就能聚集多少人。利他思维是一个人走向幸福的不二法宝。因为一个人的价值只有通过服务社会、帮助别人才能充分体现。所谓双赢，一定是先让别人赢、让别人好，自己才会越来越好。试想，一个心里总是想着自己的人，怎能拥有和谐的人际关系呢？一个心里只装着自己的人，怎么能收获友爱、友情和亲情呢？

实践证明，很多中学生出现的心理问题，都是人际关系障碍造成的，和父母的关系、老师的关系、同学的关系以及周围人的关系，都直接影响中学生的学业发展和未来发展。和别人对某一件事的看法不同，不影响彼此之间友好相处，不影响互为朋友。

这个社会是多元的，和不同意见的人和谐相处，才能显示博大的胸怀，看问题才会更加客观、更加全面。中学生正确的社交方法应该是，和不同意见的人交朋友，找原因去理解别人。产生分歧时，不妨直接告诉别人，这件事我虽然有不同意见，但我尊重你的观点。

有远见的父母会把孩子的人际关系培养放在第一位。孩子有了好的人际关系，有了为人处世之道，进而有了高尚的品格和顽强的毅力，许多问题都会迎刃而解。

优秀父母应具备的品质

社会发展日新月异，强烈呼唤父母跟上时代的步伐，做懂教育的父母。处在社会转型时期，面对权利意识越来越强的孩子，成为优秀的父母，不是一件容易的事。为人父母者，要具备诸多优秀品质，才能读懂孩子，读懂人性，读懂教育，才能适应孩子的成长需要。

在我看来，新时代父母必须具备六大核心品质。

一是热爱学习。互联网时代，知识更新的速度相当快。如果不读书、不学习，很难跟上孩子成长的脚步，就极易丧失教育孩子的主动权、主导权。读书学习应该成为父母日常生活的重要部分，通过读书学习，不仅能提高自己的精神境界，而且在孩子面前有一定的威望，让孩子敬佩自己。经常读书学习的家长，能不断积累知识和智慧，具有一定远见和高度，举手投足之间就能在孩子心中播撒理想、信念的种子，谈笑间就能塑造孩子正确的价值观。

父母善于学习，坚持学习，这对帮助中学生打好人生底色、写好大写的"人"字，有极大的促进作用。孩子到了中学阶段，爱憎愈加分明，是不是敬佩父母其实一眼就能看得出来。如果父母把话说到点子上，说到孩子未想到之处，让他们茅塞顿开，有醍醐灌顶之感，他们会对父母刮目相看，进而加快奋进的脚步。而这一前提是父母有见识有格局，肯下功夫肯努力。大量实践证明，看一个家庭能不能可持续发展，就看孩子是否爱读书会读书；进一步讲，就看父母是否不断精进自我，家里有没有学习氛围。

二是自律。每个人在社会上生存，都必须要遵守一些必要的纪律和规则。没有规矩，难成方圆。自律的人，遵守纪律和规则往往是自觉自愿的，会主动管理自己的生活，规划自己的未来。

孩子自律的背后是不断进行自我教育，也需要父母做榜样。记得小时候，我去找一个伙伴玩，伙伴的父亲对孩子有一个硬性要求：必须写完两页大字他才能出去玩耍。父亲在要求孩子的同时，自己也一直在练习书法。有父亲做表率，我这个伙伴练字也比较认真，父子二人双双写得一手好字，成为当地受人尊重的人。假如他父亲只要求孩子练字，自己不身体力行，我这个伙伴练字质量一定会大打折扣。

三是夫妻恩爱。夫妻关系是家庭的基本构架。夫妻关系和谐融洽了，孩子从父母健康美满的婚姻中能获得更多安全感，并感受到婚姻的幸福、人生的美好，对未来充满信心，从而积聚成长的力量。如果父母婚姻不幸福，经常相看两厌，互不信任，经常吵架，孩子会从父母不幸的婚姻中感受到人心的险恶、人与人之间的尔虞我诈，乃至对婚姻失望，对人生失望。中学生虽然认知能力相较于小学生有了很大提高，但容易冲动偏执，可能会从对父母的否定延伸到对整个社会的否定，把社会看作一片黑暗，处处提防别人。这样的孩子严重缺乏安全感，未来不太可能幸福。我就听有的孩子说过："婚姻太可怕了，像我爸我妈这样钩心斗角相处一辈子，真没劲，我宁愿单身也不想结婚。"

没有什么比婚姻更利于人的成熟，也没有什么比婚姻给人更好的修炼。为人父母，经营好婚姻是涵养自己、担起责任、提升品格的具体体现，也是真爱孩子的表现。覆巢无完卵，让孩子健康成长，一个基本前提就是经营好婚姻。可以说，和谐、融洽的婚姻是送给孩子最好的礼物，是对孩子最好的祝福。

四是尊重孩子。作为父母，要确立这样的观念：孩子不是你的私有财产，更不是你的附属品；他们是一个独立的社会人，是一个受宪法保护的公民，其人格和父母是平等的。我们应给予孩子起码的尊重，尤其不要侵犯孩子的隐私。

只有真正尊重孩子，孩子才会有自尊、自信，才会尊重他人。尽管在有些人眼里，孩子不是那种学习优秀的"好孩子"，但依然要把他当成好孩子。这个道理很简单，你不把他当成好孩子，他怎么会成为好孩子呢？你不尊重孩子，孩子怎么会值得尊重呢？你不信任孩子，孩子怎么会值得信任呢？家长的职责是让孩子成为他自己，成为他应该成为的那种人，而不是父母设计好的那种人。

五是远离功利。父母把孩子带到世界上，爱孩子是父母的本能、天职。家庭教育最忌讳急功近利，有一句大家耳熟能详的话——"有心栽花花不开，无心插柳柳成荫"，说的就是付出和回报的关系。

关爱孩子，为孩子付出，不应附加任何条件，不应以回报为目的。你为孩子付出一点点，就急于索取回报，如果看不到回报，或者回报没有达到你的预期，你就心理不平衡，就抱怨、责骂孩子，给孩子施加压力，结果无疑会引起孩子的强烈对抗。很多孩子之所以与父母对抗，是因为他们真切地感受到，父母对他们是功利的、有企图心的。他们内心的潜台词是这样的："妈妈

第 5 章 亲子合力走好中学时代

（爸爸）爱的是学习成绩，并不是我这个人，妈妈（爸爸）爱我是在和我做交易，我才不上当呢！"

正确的做法是，父母只管对孩子默默付出，不要求任何回报。能做到这些，父母的高风亮节就会感染、影响孩子；父母的开明、大度、无私，会化作孩子成长的力量。我经常说一句话："我们追求的不是眼前的回报，而是长远的回报，祖祖辈辈的回报。我深深体会到，父母越是不计较回报、不在意回报，回报越可能是丰厚的。"

六是积极思维。人生不如意十之八九，怎样把不幸变成幸运？事情无好坏，思维在作怪。父母要学会积极思维，即多践行积极心理学，凡事多往好处想。我们应该确立这样的信念：我们经历的所有事情都是上天给我们的祝福，都是为我们的成长而安排的；再糟糕的事情都蕴含着美好的东西，坏事的另一面一定是好事。父母多把希望带回家，把信心带回家，浑身朝气蓬勃、热情洋溢、活力四射，孩子就能受到感染，获得希望、信心和力量。

让孩子心情舒畅、保持乐观精神，是父母的一项基本修炼。因为孩子只有在心情舒畅、心平气和的时候，才会产生自我教育意识，才会深入思考自己的人生，主动去做有意义的事情，进而提高学习效率。父母的一言一行影响着孩子的未来发展，培养孩子乐观积极的性格，是其获得终身幸福的密码。

彼此成就，是家庭教育的真义

教育是为了什么？对于师生而言，是彼此影响、彼此成就。这是因为，教师与学生的相遇本是一场修行，两个不完美的群体以未来为导向，开启了共同成长的历程，谱写出用青春点燃青春、用灵魂影响灵魂、用心灵陪伴心灵的美妙诗篇。正如有的教师感言：在教育这个广阔的平台上，教师与学生都是主角；在追梦路上，教师与学生都是追梦人。

对父母与孩子而言，最好的关系不是单纯的自上而下的接受和给予，不是对孩子的束缚和羁绊，不是牺牲和将就，更不是嫌弃和指责，而是彼此付出，彼此欣赏，彼此成就，一起向上。我们常说，父母陪孩子成长。仔细想一想，孩子何尝不是陪父母一起成长。世界上所有的爱都是以聚会为最终目的，只有一种爱以分离为目的，那就是父母对孩子的爱。

1959 年，美国比较心理学家哈洛及其同事报告了一项研究成果：让恒河猴从出生第一天起就同母亲分离，以后的一百六十五天中同两个"母亲"在一起——铁丝妈妈和布料妈妈。

铁丝妈妈的胸前挂着奶瓶，布料妈妈没有。虽然当婴猴同铁丝妈妈在一起时能喝到奶，但它们宁愿不喝奶，也更愿同布料妈妈待在一起。哈洛由此得出结论，身体接触对婴猴的发展甚至超过哺乳的作用——只在有饮食需要时，它们才去找铁丝妈妈，其余大部分时间则依偎在布料妈妈的身上。

哈洛等人的研究发现给了我们很多有意义的启示，它对改变传统的育儿观产生了积极的影响。父母对孩子的养育不能仅仅停留在喂饱层次，要使孩子健康成长，一定要为他提供触觉、视觉、听觉等多种感觉通道的积极刺激，让孩子能够感到父母的存在，并从他们那里得到安全感。

恒河猴宝宝有着明显的对母亲的依恋情结，它们需要被爱，需要被接纳，这样它们才有安全感和价值感，这是保障心理健康发展的基础。儿童也是如此，与依恋对象如母亲之间温暖、亲密的联系，使他们既得到生理上的满足，也体验到愉快的情感，进而在婴幼儿期健康成长。反过来，父母对子女表达爱，也使自己与生俱来的责任感得到满足，胸怀变得广阔，情感变得丰盈，生出更多价值感和幸福感。但凡当过父母的人都知道，来自孩子成长的幸福是做任何其他事情都无法比拟的，是让我们持久幸福的重要源泉。

我为许多家长做教育咨询，初衷是为了教育孩子，但结果无一例外地使父母成就了自我。苏州的张女士说："学习家庭教育太让人受益了，我获得了意想不到的收获。孩子考上了上海交通大学，现在我和孩子的关系相当融洽，我们无话不谈。我给孩子一些应有的帮助，孩子却不计成本地回报我。与其说我成就了孩子，还不如说孩子成就了我，成就了我们全家。我连续三年被评为先进工作者，去年我还晋了级，这在以前是我不敢想象的。看到我取得的成就，老公对我刮目相看。老公全力支持我学习，他自己也在学习。我们家现在有了书房，存书量也在逐步增加。到过我家的人，都感受到浓浓的书香氛围，不少人由衷地赞叹。现在我对生活充满信心，我们全家对未来充满了希望。"

都说教育学首先是关系学，健康的亲子关系一定是建立在持续的彼此滋养、彼此成就过程中，即你养我小，我养你老；你成就我作为母亲或父亲的满足感，让我懂得生命的意义，我成就你作为孩子成长的快乐；你成就我儿孙绕膝，我成就你后顾无忧。说到底，家庭教育是一场修行，于其中父母和孩子都有积极收获，不仅在身体上，也在心灵上。

通过彼此的付出，各自看到生活的意义、生命的真相，憧憬于将来，无悔于过往，永远心存感恩，念及对方的好。尽管生活往往有很多不完美，但朝着完美的方向去努力，争取做到彼此珍惜、共同成长这一步，就是达到了家庭教育的理想状况，抑或最高的境界。

附：我辅导过的家长故事

由仇敌到挚友

女儿从成绩优异到拒绝和我交流，再到最终顺利返校。其中的艰辛历程，对于辍学孩子的家长，相信会有一些借鉴。关系是一切的基础，与孩子处理好关系，一切不可能才会变得可能。谨以此文献给所有的中学生家长。

女儿从小学到初三一直成绩优异，尤其是初二之后，可以说更上了一层楼。初三时北京市海淀区统考，学习成绩全区排名靠前。眼看理想的高中唾手可得，我们很高兴。但就在我们洋洋自得的时候，孩子的身体出了状况。我们四处求医，各家医院的专家给出的答案如出一辙：孩子身体没有问题。我们百思不得其解，既然身体没有问题，孩子怎么总感觉不舒服呢？医生说一切正常，孩子怎么不去学校呢？都初三下学期了，时间这么紧张，得赶紧去学校呀！我们使出了浑身解数逼孩子上学，孩子彻底愤怒了：这学我不上了！

从此，女儿对我们积怨越来越深，甚至把我们当"仇敌"。女儿房门紧闭，从里面加上锁，疯狂地玩游戏，并且黑白颠倒。三个月来，只能见到她从房间出来上厕所的身影。

直到见到贾容韬老师后，我才找到了问题的根源。原来是家庭系统出了问题，我们没能接纳女儿，对女儿只有学习的要求，没有在她压力备增的时候给她减压，更没有在她遇到困难的时候理解她，给她温暖，给她支持。要想破这个危局，贾老师说，要先找到和孩子的联结点。

女儿是独生女。以前女儿提出想养一条狗，我迟迟没有下决心。关于养狗，一来我从来没有养过；二来我工作忙，老公在外地工作，女儿上学了，只有我自己在家，每天早晚要遛狗，给它洗澡和收拾卫生，我怕自己没有那份耐心。现在女儿在家，是该养条狗了。只要对女儿的成长有利，这些困难又算得了什么呢？

一天，下班回家的路上，路过一家宠物店，我看到一只三个月大的流浪狗被关在笼子里，蜷成一团。我产生了怜悯之心，这不正是此时此刻女儿真实的心理写照吗？自己一个人蜷缩在屋子里，内心无比恐惧和无助。我暗暗下定决心，一定要把小狗带回家，用爱来温暖它、呵护它，让它焕发出生命的活力。

小家伙的到来，让家里凝固的气氛有了些许变化。我们喂它罐头、给它骨头啃。很快，许久不和我们一块吃饭的女儿，坐到了餐桌前。她建议给小狗的笼子里垫上旧衣服，这样它踩上去会舒服一些。女儿嫌爸爸给它取的名字"小黑"没有特色，自己给取了个"可可"的名字。我们给女儿讲了小狗的悲惨经历，女儿先是静静听着，之后动了恻隐之心。

从此以后，她时常从屋子里走出来，想亲近小狗，但小狗胆小、怕人，仍然"汪汪"叫着到处躲藏。最终在爸爸的陪伴下，女儿克服了恐惧之心，给它喂罐头、喂水，尝试着接近它，抚摸它。后来，给小狗喂食便成了女儿的日常。就这样，女儿不再黑白颠倒，走出了房门。她对小狗的爱，让她内心积聚起了力量。

由于流浪时间较长，"可可"很难与人亲近，女儿想抱它的愿望总也实现不了。春节回家，姐姐家正好有一只刚出生的小狗。雪白的长绒毛裹着小小的身躯，甚是可爱，尤其喜欢与人亲近。这不正符合孩子的要求吗？于是我把小狗带了回来。果不其然，小狗亲昵地依偎在女儿怀里，女儿非常喜欢，并给它取名"雪球"。

"雪球"的到来，顿时使家里热闹了起来。两只小狗争地盘，抢食物，斗智斗勇，互不示弱。女儿除了观战，有时甚至还充当战争的制造者。女儿观战时，不免替它俩出谋划策，经常被它俩逗得前仰后合。出去遛弯也是乐趣无穷，爸爸把两只小狗拴在一块儿，小狗跟在行走的自行车后面狂奔，让我们乐不可支。

女儿去超市，总不忘用自己的零花钱给两只狗买些零食。应女儿的要求，我们带着两条小狗去爬山、坐船、游泳，甚至带它们走玻璃栈道。只要是女儿想做的，我们都尽量满足她。这样，时间不长，女儿就走出了卧室。"雪球"像是读懂了我们的心事，对女儿尤其依赖。我和老公收拾东西出门，"可可"赶紧跟上，"雪球"和女儿形影不离，任我们怎么呼唤都无济于事。"雪球"对女儿的亲昵和依赖，让女儿很有成就感。

两条可爱的小狗经常打闹，家里充满欢声笑语，孩子的脸上也有了越来越多的笑容。我们和孩子有了越来越多聊天的话题，从狗的日常聊到了狗的忠诚，从狗的性格聊到了狗与人的关系，我们还聊到狗的命运。慢慢地，女儿的话也越来越多了。

很快，女儿被朋友约去看美国大片，她坐上地铁欣然前往。回来后的几天里，女儿让我陪她逐一看完此电影的系列片。我们聊蜘蛛人的超能力，聊美国队长的智慧，聊他们战斗的武器，聊未来是不是真的会发生星球大战，等等。我们的话题又多了许多。

女儿也不再避讳聊未来、聊学习了。她搜集相关心理学的文章来学习，研究自己的成长经历。2019 年 9 月，女儿顺利返回了校园。

女儿返校后，所有时间都是自己安排，我们从不打扰，也不干涉。一位名人讲过："现在的孩子最讨厌被父母操控，都喜欢自己做主。能让孩子做主的事，他才会积极行动。"事实证明，凡事让孩子做主，是符合人性的。女儿把时间管理得井井有条，各科成绩一直名列前茅。女儿越来越自信，脸上是满满的自豪感。

开学两周，学校组织考雅思。那晚女儿打电话说："哎呀，太难了，有些阅读理解看不懂，这题简直不是人做的。"我说："哦，全是英文的吧。"女儿说："废话！当然全是英文呀！"听语气，我感到女儿有点小紧张。我知道女儿特别想考好，内心还是有压力的。于是，我打趣说："哦，雅思考试确实难，要我可更歇菜了，你真了不起，妈妈特别佩服你！"我稍作停顿，接着说道："通篇都是二十六个英文字母的排列组合呀！我们的汉语可比它难多了哈。"听我这么一说，孩子放松了，她接着说："不、不，还有几个阿拉伯数字的不同排列组合。"说完我们都会心地笑了。接着，我又叮嘱她一句：考怎样都没关系，咱们的目的是知道自己的水平在哪个位置就行了。我知道，自律的女儿一定会努力的，无须我多言。

现在女儿有什么事情都愿意跟我说，我只是静静地听，从不替她做主，有时候我说说我的意见，但最终的决定权在她那儿，凡事由她自己决定。

在越来越宽松的家庭环境下，女儿嘴里时常哼着小曲，脸上总是挂着笑容，间断了几年没有跳的舞蹈课又接着上了。我知道，她彻底走出了阴影，朝着美好的未来在努力。

图书在版编目（CIP）数据

赢在中学 / 贾容韬著. -- 北京：作家出版社，
2023. 3
ISBN 978-7-5212-2201-2

Ⅰ. ①赢… Ⅱ. ①贾… Ⅲ. ①中学生 - 家庭教育
Ⅳ. ①G782

中国版本图书馆CIP数据核字（2023）第032226号

赢在中学

作　　　者：贾容韬
责任编辑：郑建华　李　雯
装帧设计：薛俊雷
出版发行：作家出版社有限公司
社　　　址：北京农展馆南里10号　　邮　　编：100125
电话传真：86-10-65067186（发行中心及邮购部）
　　　　　　86-10-65004079（总编室）
E-mail:zuojia@zuojia.net.cn
http://www.zuojiachubanshe.com
印　　　刷：唐山嘉德印刷有限公司
成品尺寸：165×240
字　　　数：150千
印　　　张：15.25
印　　　数：001-10000
版　　　次：2023年3月第1版
印　　　次：2023年3月第1次印刷
ISBN　978-7-5212-2201-2
定　　　价：42.00元
